COMO LIDERAR AS NOVAS GERAÇÕES?

36 PASSOS

PARA ENGAJAR E INSPIRAR TALENTOS DA **GERAÇÃO Z**

Marcello Romani-Dias
Aline dos Santos Barbosa

COMO LIDERAR AS NOVAS GERAÇÕES?

36 PASSOS

PARA ENGAJAR E INSPIRAR TALENTOS DA **GERAÇÃO Z**

COM **DESAFIOS E RELATOS REAIS** PARA DESENVOLVER SUA CAPACIDADE DE LIDERANÇA

INCLUI O MAPA PESSOAL DA LIDERANÇA
UMA FERRAMENTA DE AUTOAVALIAÇÃO PARA LÍDERES QUE BUSCAM SUCESSO COM AS NOVAS GERAÇÕES DE PROFISSIONAIS

gen | atlas

■ Os autores deste livro e a editora empenharam seus melhores esforços para assegurar que as informações e os procedimentos apresentados no texto estejam em acordo com os padrões aceitos à época da publicação, *e todos os dados foram atualizados pelos autores até a data de fechamento do livro*. Entretanto, tendo em conta a evolução das ciências, as atualizações legislativas, as mudanças regulamentares governamentais e o constante fluxo de novas informações sobre os temas que constam do livro, recomendamos enfaticamente que os leitores consultem sempre outras fontes fidedignas, de modo a se certificarem de que as informações contidas no texto estão corretas e de que não houve alterações nas recomendações ou na legislação regulamentadora.

■ Data do fechamento do livro: 19/09/2025

■ Os autores e a editora se empenharam para citar adequadamente e dar o devido crédito a todos os detentores de direitos autorais de qualquer material utilizado neste livro, dispondo-se a possíveis acertos posteriores caso, inadvertida e involuntariamente, a identificação de algum deles tenha sido omitida.

■ **Atendimento ao cliente: (11) 5080-0751 | faleconosco@grupogen.com.br**

Uma editora integrante do GEN | Grupo Editorial Nacional
Travessa do Ouvidor, 11
Rio de Janeiro – RJ – 20040-040
www.grupogen.com.br

■ Capa: OFÁ Design

■ Imagem da capa: ©iStockphoto/Yutthana Gaetgeaw

■ Editoração eletrônica: Marcelo S. Brandão

■ Ficha catalográfica

CIP-BRASIL. CATALOGAÇÃO NA PUBLICAÇÃO
SINDICATO NACIONAL DOS EDITORES DE LIVROS, RJ

R664c

Romani-Dias, Marcello
Como liderar as novas gerações? : 36 passos para engajar e inspirar talentos da geração Z / Marcello Romani-Dias, Aline dos Santos Barbosa. - 1. ed. - Barueri [SP] : Atlas, 2026.

Inclui bibliografia e índice
ISBN 978-65-5977-782-2

1. Administração de pessoal. 2. Liderança. 3. Diversidade no ambiente de trabalho - Administração. 4. Jovens - Emprego. 5. Conflito de gerações no ambiente de trabalho - Administração. 6. Relações intergeracionais. I. Barbosa, Aline dos Santos. II. Título.

25-99969.0 CDD: 658.300842
CDU: 005.95-053.6

Meri Gleice Rodrigues de Souza - Bibliotecária - CRB-7/6439

SOBRE OS AUTORES

Marcello Romani-Dias é Doutor em Administração de Empresas pela Fundação Getulio Vargas (FGV), com estágio doutoral no Massachusetts Institute of Technology (MIT) e pós-doutorado pela Bentley University (EUA). Atua como coordenador de cursos executivos no Instituto de Desenvolvimento Educacional (IDE) da FGV, onde também leciona em programas de pós-graduação. É Professor Titular nos Programas de Mestrado e Doutorado em Administração e Gestão Ambiental da Universidade Positivo (UP), com pesquisas voltadas para estratégia, liderança organizacional, internacionalização do ensino superior e sustentabilidade. Sócio fundador da Schola Akadémia, dedica-se à criação de experiências educacionais inovadoras e à mentoria acadêmica e executiva, integrando prática profissional, produção científica e impacto social.

Aline dos Santos Barbosa é Doutora em Administração de Empresas pela Fundação Getulio Vargas (FGV), com estágio doutoral na Bentley University (EUA) e Mestrado em Administração pela Fundação Educacional Inaciana (FEI). Atua como coordenadora de cursos no Instituto de Desenvolvimento Educacional (IDE) da FGV, com foco em educação executiva, e como docente na FGV In Company. Pesquisadora das temáticas de desigualdade de gênero nas organizações, liderança organizacional e sustentabilidade e responsabilidade social corporativa, é também autora de livros na área de Estratégia e Gestão de Serviços. Sócia fundadora da Schola Akadémia, dedica-se à criação de cursos, produção de conteúdo educacional e mentoria acadêmica, integrando reflexão crítica, prática profissional e compromisso social.

APRESENTAÇÃO

Como Liderar as Novas Gerações: 36 Passos para Engajar e Inspirar Talentos da Geração Z é um guia indispensável para líderes, gestores e profissionais que desejam compreender e liderar as novas gerações no ambiente de trabalho contemporâneo. Este livro foi criado para atender às demandas de um mundo em constante transformação, em que valores, comportamentos e expectativas das gerações emergentes desafiam os modelos tradicionais de liderança, muitas vezes levando a possíveis conflitos.

Na introdução de nossa obra, exploramos a essência da liderança no contexto atual, destacando as complexidades e os desafios das novas gerações. Também analisamos a relação entre o líder, os liderados e o ambiente que compartilham, preparando o leitor para os *insights* que serão aprofundados ao longo do livro. Dividido em três pilares estratégicos, esta obra oferece uma abordagem prática e estruturada:

PILAR A: PASSOS PARA COMPREENDER AS NOVAS GERAÇÕES

Aqui, mergulhamos nas características únicas das novas gerações, quebrando generalizações e analisando valores centrais como a busca por propósito, sustentabilidade e diversidade. Este pilar revela a essência do que move essas gerações, como sua procura por múltiplas ocupações, a preferência por estruturas flexíveis e o impacto das tecnologias em sua comunicação e aprendizado.

PILAR B: PASSOS PARA NAVEGAR NO AMBIENTE DE TRABALHO DAS NOVAS GERAÇÕES

Neste pilar, discutimos as mudanças significativas no ambiente de trabalho, como o equilíbrio entre *home office* e presencialidade, o impacto da Inteligência Artificial e a gestão do tempo em uma era marcada pela hiperconexão. Também abordamos a saúde e o bem-estar como pilares fundamentais para um ambiente produtivo e sustentável.

PILAR C: PASSOS PARA LIDERAR COM SUCESSO AS NOVAS GERAÇÕES

No último pilar, oferecemos orientações práticas para líderes que desejam inspirar e engajar seus times. Desde a autenticidade como valor essencial, até estratégias para gerenciar equipes intergeracionais, este pilar fornece ferramentas para fomentar uma cultura de flexibilidade, respeito e *feedback* contínuo.

Você também notará, ao final do livro, que desenvolvemos uma ferramenta de autoavaliação baseada nesses três pilares estratégicos, denominada **Mapa Pessoal da Liderança**. Aproveite essa atividade prática e reflexiva para seu autoconhecimento e desenvolvimento!

PARA QUEM ESTE LIVRO FOI ESCRITO

Este livro foi escrito para um amplo público de líderes, gestores, educadores e profissionais que desejam compreender em maior profundidade as novas gerações – em especial a Geração Z – e que estão dispostos a repensar suas práticas de liderança à luz das transformações sociais, tecnológicas e culturais do nosso tempo. É uma obra voltada àqueles que reconhecem que liderar, hoje, exige mais do que técnicas de gestão: demanda empatia, escuta ativa, propósito e a capacidade de criar ambientes humanos, inclusivos e adaptáveis. Seja você um executivo experiente, um empreendedor em formação ou um gestor em busca de novas respostas, cada um dos 36 passos propostos no decorrer do livro oferece *insights* importantes para transformar desafios em oportunidades e liderar no mundo das novas gerações.

Os Autores

SUMÁRIO

INTRODUÇÃO

PILAR A: PASSOS PARA COMPREENDER AS NOVAS GERAÇÕES

PILAR B: PASSOS PARA NAVEGAR NO AMBIENTE DE TRABALHO DAS NOVAS GERAÇÕES

PILAR C: PASSOS PARA LIDERAR COM SUCESSO AS NOVAS GERAÇÕES

ENCERRAMENTO E NOVAS AÇÕES

INTRODUÇÃO

A ARTE DA LIDERANÇA

Liderar é, antes de tudo, uma arte. Não se trata apenas de dominar técnicas de gestão ou replicar modelos prontos de comando. Liderar é influenciar com propósito, cuidar com consciência, transformar ambientes por meio da escuta, do exemplo e da inspiração. Ao longo da História, grandes líderes foram aqueles que souberam ler o seu tempo – e nosso tempo, marcado por incertezas, velocidade e pluralidade, exige um novo olhar sobre o que significa liderar. Não basta mais apenas entregar resultados. É preciso construir relações de confiança, promover pertencimento e despertar o melhor de cada pessoa.

Nesse cenário, as novas gerações impõem novos desafios à prática da liderança. A Geração Z, especialmente, tem valores, comportamentos e expectativas que, por vezes, rompem com os modelos tradicionais. Sua busca por propósito, autenticidade, bem-estar e impacto social não é superficial, mas reflexo de um mundo em profunda transformação. O líder que ignora essas mudanças corre o risco de se tornar irrelevante. Já aquele que compreende tais complexidades encontra caminhos para engajar, inspirar e crescer junto com esses novos talentos. Liderar as novas gerações é, portanto, um exercício de constante atualização, escuta ativa e humildade para aprender com quem vê o mundo por outras lentes.

Mais do que entender quem são os jovens de hoje, é essencial compreender o ambiente que eles compartilham com seus líderes. Liderar não é um ato isolado: é uma relação viva entre pessoas, em contextos sociais, culturais e organizacionais específicos. Por isso, este livro propõe uma abordagem sistêmica, em que o líder não é o protagonista absoluto, mas parte de uma rede composta de seus liderados e do ambiente em que atuam. Ao refletir sobre essa tríade – líder, liderados e ambiente –, abrimos espaço para uma gestão mais inteligente, afetiva e eficaz.

Você encontrará, ao longo das próximas páginas, 36 passos estratégicos. Cada passo é apresentado com base em pesquisas, experiências reais e sugestões práticas, para que você possa aplicar imediatamente os aprendizados em seu cotidiano profissional. Este não é apenas um livro sobre juventude, mas sobre o futuro da liderança. Um convite à ação para quem deseja não apenas acompanhar as transformações do mundo, mas fazer parte ativa delas.

Por fim, vale dizer: **este livro não tem a pretensão de trazer verdades absolutas**, nem de apresentar fórmulas mágicas. Sabemos que temas como engajamento, bem-estar e liderança já foram amplamente discutidos; entretanto, aqui, a diferença está em "como" abordamos esses temas. Escrevemos com quem lidera, e não apenas sobre quem é liderado. Traduzimos pesquisas complexas em linguagem acessível, respeitamos a experiência de diversos líderes e oferecemos ferramentas práticas sem arrogância teórica. Nossa proposta é simples, mas poderosa: ajudar você a liderar com mais escuta, mais humanidade e mais conexão. Não impomos verdades: oferecemos caminhos. Convidamos você a seguir conosco, com espírito aberto e mente curiosa!

PILAR A:
PASSOS PARA COMPREENDER AS NOVAS GERAÇÕES

APRESENTAÇÃO

O Pilar A deste livro tem como objetivo aprofundar a compreensão sobre quem são as novas gerações, especialmente a Geração Z. Aqui, convidamos o leitor a abandonar estereótipos e a explorar os valores, os comportamentos e as motivações que impulsionam esses jovens. Refletimos sobre temas como a multiplicidade de ocupações, o desejo por autonomia, o apelo por diversidade e a forte presença da tecnologia em suas maneiras de se comunicar, aprender e se relacionar com o mundo. Esta etapa é fundamental para desenvolver uma escuta mais empática e uma visão mais ampla sobre o que realmente importa para a nova geração de profissionais.

1 ENTENDA AS GERAÇÕES E SUAS PARTICULARIDADES

"Às vezes, para aprendermos sobre algo, precisamos 'esvaziar nosso copo do conhecimento antigo', isto é, precisamos deixar de lado crenças limitantes para que o novo conhecimento possa florescer. Abra-se ao novo."

Em nosso trabalho como professores, gestores e consultores, os relatos mais frequentes que recebemos vêm de profissionais experientes destacando as dificuldades que têm ao lidar com as novas gerações. Este foi, inclusive, um dos principais motivadores para escrevermos esta obra.

Defendemos que parte desses profissionais não buscou um entendimento adequado sobre os mais jovens. Essa postura acarreta uma série de interpretações equivocadas, algumas até preconceituosas, também em função do desconhecimento em relação ao outro. Essa situação se transforma, por vezes, em um tipo de escalada sem fim, em que as relações humanas podem ser cada vez mais prejudicadas, trazendo problemas para todos.

Os efeitos negativos da falta de conhecimento sobre os jovens são facilmente observáveis, e envolvem desmotivação, falta de apreço pelo trabalho, desejo de mudança de emprego, perda de produtividade e de autoestima, entre uma série de outras situações vividas por aqueles que não são compreendidos por seus colegas. Há, por vezes, casos mais graves.

O assunto é sério e merece nossa atenção. Quando pessoas mais experientes criam suas próprias visões, por vezes fixas e intolerantes sobre os jovens, acabam por disseminar um tipo de conduta que não beneficia a ninguém, algo que aumenta o que a literatura denomina como "conflitos intergeracionais".

Reforçamos essa compreensão ao lembrarmos do Senhor Jorge (pseudônimo), gestor de uma tradicional concessionária de veículos. Seu relato ilustra o pensamento de muitos executivos com os quais interagimos:

RELATO REAL - SR. JORGE E OS JOVENS DA CONCESSIONÁRIA

"Trabalho no ramo de concessionárias de veículos e, realmente, não consigo entender alguns dos profissionais mais jovens. Antigamente nos dedicávamos muito mais do que vejo as atuais gerações se dedicando. Quando necessário, eu passava o dia em pé no *showroom* para bater minhas metas de vendas de veículos. Hoje, noto que as novas gerações não querem saber de nada. Muitos deles não estão, por exemplo, dispostos a fazer carreira na concessionária como nós fizemos. Além disso, são muito informais e não aceitam bem uma liderança um pouco mais rígida."

Sr. Jorge, gestor de concessionária de veículos.

Figura 1.1 Desafios do relacionamento intergeracional.

A primeira contribuição que queremos trazer é de que o pensamento do Senhor Jorge deve ser respeitado, claro, mas, infelizmente, não contribui para a coletividade, e menos ainda para que você se transforme em um líder melhor. Pensando desse modo fica evidente que ele não conseguirá exercer boa liderança junto às novas gerações. Somado a isso está o fato de que precisamos uns dos outros a todo instante, e lidar com pessoas de gerações diferentes da nossa não é algo opcional em nossas vidas profissionais.

Temos, então, que dar o primeiro passo de entender as novas gerações. Ora, mas como poderemos ter êxito nesse processo? A resposta é similar àquela que daríamos para todo e qualquer tema que seja importante na vida de uma pessoa:

QUADRO DE AÇÃO

- ✓ Busque informações sobre as novas gerações, diversificando suas fontes. Como exemplo, nosso livro pode contribuir com seu caminho, mas complemente com outras obras, além de vídeos, documentários, jornais, e todo o tipo de material, confiável, claro, que puder te ajudar a compreender temas que envolvem as novas gerações.
- ✓ Pergunte aos jovens! Desde a Grécia Antiga, nos tempos de Sócrates, a pergunta é um dos modos mais potentes de melhor conhecermos sobre algo. Se você está com frequência criando uma série de generalizações perigosas sobre as novas gerações, é muito provável que não esteja dialogando suficientemente com os jovens. Faça isso e sua visão será modificada para melhor.
- ✓ Pratique seus novos aprendizados, isto é, interaja com as novas gerações! Veja se sua compreensão também faz sentido para elas. Veja se, em seu ambiente de trabalho, realmente funciona, enquanto gestor, dar mais autonomia aos mais novos, se a tecnologia realmente apresenta-se como um meio de melhorar suas relações, entre tantos outros tópicos que são colocados pela literatura como sendo associados aos jovens, mas que devem ser vistos também com cuidado "no mundo da prática".

Considerando que o intuito central de nossa obra é o de contribuir para o desenvolvimento de sua capacidade de liderar as novas gerações, é necessário que inicialmente conheçamos as principais características geracionais. Para isso, uma linha do tempo que contempla indivíduos nascidos desde 1928 pode ser especialmente útil. Adotamos, para a classificação exposta na Figura 1.2, a posição da literatura majoritária sobre a temática.

Figura 1.2 Linha do tempo dos tipos de gerações.

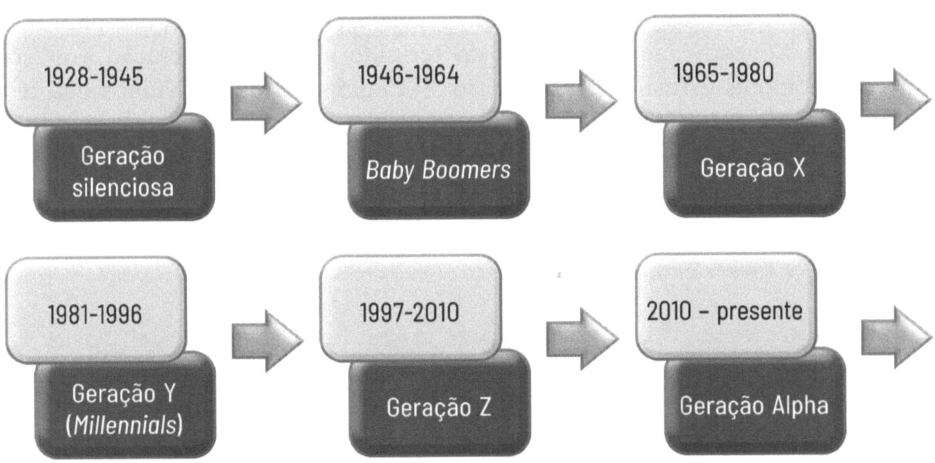

Para este livro, foi necessário realizarmos um recorte temporal ao tratarmos das "novas gerações". Estas referem-se, principalmente, aos indivíduos nascidos a partir de 1997. Tomando como base o ano de 2025, esses indivíduos têm entre zero e 28 anos. Posto de outro modo, estamos falando das gerações "Alpha" e "Z". Aqui devemos lembrar que os indivíduos da Geração Alpha têm, no máximo, 15 anos, se tomarmos novamente como base o ano de 2025. Não incluímos na Figura 1.2 a Geração Beta, pois ainda não há consenso da literatura sobre seu recorte temporal (há quem defenda o ano de 2020 como seu marco temporal e há quem defenda o ano de 2025).

Devemos ter sempre em mente que as gerações são, em grande medida, e obviamente, fruto dos acontecimentos de seu tempo e de seu espaço. Foi assim, por exemplo, com a chamada "Geração Silenciosa" (nascidos entre 1928 e 1945), e é assim com as novas gerações. A título ilustrativo, a Geração Silenciosa veio ao mundo diante de eventos como a Grande Depressão (1929-1939) e a Segunda Guerra Mundial (1939-1945), algo que trouxe, de acordo com essa classificação datada da década de 1950, a necessidade de agir de maneira mais discreta e reservada. Apesar de algumas correntes criticarem o uso do termo "silenciosa", esta é a classificação majoritária.

Os *Baby Boomers* (nascidos entre 1946 e 1964), por sua vez, vieram ao mundo em um contexto de alto crescimento populacional (daí o termo em inglês *Baby Boom*). Essa geração é responsável por ter moldado grande parte do mercado de trabalho da forma como o conhecemos hoje, além de ter trazido em décadas passadas as bases para importantes movimentos sociais do mundo moderno. Na sequência, apresenta-se a Geração X (nascidos entre 1965 e 1980), que teve como um de seus principais influenciadores as rápidas mudanças culturais e tecnológicas de sua época. Entre vários exemplos, temos o tecnológico, pois esta foi a primeira geração a adotar computadores pessoais e videogames, adaptando-se às novas tecnologias.

Aqueles que nasceram entre 1981 e 1996 são conhecidos como "*Millennials*", ou "Geração Y". A popularização da Internet, por exemplo, pode ser vista como um dos grandes marcos assimilados por essa geração, algo que trouxe para esses indivíduos a conectividade digital, posto ter sido a primeira geração a crescer com computadores e Internet. A Geração Y é composta de indivíduos que têm, no ano de 2025, entre 29 e 44 anos. Sua importância também vai no sentido de ser, numericamente, a de maior representatividade no atual mercado de trabalho. Além disso, essa geração pode estabelecer "pontes" entre as gerações anteriores e as mais novas, ajudando a evitar, inclusive, generalizações, como veremos a seguir.

2 EVITE O PERIGO DAS GENERALIZAÇÕES GERACIONAIS

"Interpretar as pessoas do mesmo modo, isto é, como se fossem todas iguais, é um dos maiores perigos na trajetória de um líder."

Apesar de sermos também produto de nossa geração, somos todos muito mais do que isso. Nem todo jovem entende de tecnologia, nem todo(a) senhor(a) é sábio(a). Há jovens maduros e imaturos. Há senhores e senhoras que melhoram com o tempo, outros que regridem em termos de ideias e de abertura ao novo. Não devemos, portanto, generalizar as pessoas.

Nesse momento você pode estar se perguntando: ora, mas esse livro, de certo modo, não faz isso? Bem, de certo modo sim, pois para fins didáticos precisamos partir de pesquisas e estudos que buscam traçar elementos que marcam as diferentes gerações em suas especificidades, mas convidamos o leitor a refletir sobre o seguinte: isso não é o mesmo que generalizar as pessoas, os indivíduos.

Se, por um lado, é importante conhecermos as características que estão, em geral, presentes em diferentes gerações, por outro lado, não podemos jamais perder de vista a individualidade das pessoas. Isto se dá porque além de sermos fruto de nosso tempo (ou geração), somos, obviamente, frutos de muitos outros elementos, como nosso país de origem, nossa família, nossa rede de amigos, nossas influências religiosas, nossos locais de estudos, entre muitos outros. Para aqueles que acreditam somos frutos também de uma série de conjunturas biológicas, físicas, químicas, astrais, espirituais, e assim por diante.

Concordemos, então, com a ideia de que as generalizações são perigosas, para dizer o mínimo. O perigo consiste em "lermos mal" as pessoas e, como consequência dessa leitura equivocada, vem também nossa dificuldade de relacionamento com pessoas de diferentes gerações. Note que, por vezes, o problema pode não estar nas pessoas em si, e sim em nossos equívocos de interpretação sobre elas, como no relato real de Bernardo (pseudônimo).

RELATO REAL - BERNARDO E SUA DIFICULDADE COM OS RÓTULOS

"Tenho 25 anos e não consigo me enquadrar nos rótulos geracionais em que as pessoas querem me colocar o tempo todo. Não uso mídias sociais como Facebook e Instagram, não sou aquilo que muitos hoje rotulam como 'as pessoas das novas gerações que não querem saber de nada', até porque trabalho arduamente todos os dias para realizar grandes sonhos, não uso gírias estranhas e meu dia a dia é, na verdade, mais parecido com o de alguém de 40 anos do que com o de alguém de 20."

Bernardo, atua em instituição de ensino superior.

Figura 2.1 Bernardo e a dificuldade com rótulos.

Todos nós somos rotulados por diferentes pessoas. Isso é um fato. Podemos ser "novos demais" para algumas coisas, "velhos demais" para outras, altos demais, baixos demais, simples demais, sofisticados demais, falantes demais, calados demais, e assim por diante. Os rótulos impedem nossa sociedade de prosperar mais e essa é uma das razões para que não multipliquemos estereótipos. Devemos, ao contrário, combatê-los.

Mas, qual é o problema do rótulo? Bem, são vários, mas entre eles podemos destacar a perda de motivação. O relato de Bernardo destaca bem isso. Precisamos que as pessoas sejam diferentes para que a coletividade funcione melhor e, ao padronizarmos o comportamento das pessoas por meio de "achismos", com base somente na idade de cada um, atentamos contra a beleza de sermos diferentes e, portanto, melhores enquanto conjunto.

Diante disso, separamos boas práticas para que você **evite o perigo das generalizações geracionais**.

QUADRO DE AÇÃO

- ✓ Separe "a pessoa da geração". Isso significa ter atenção às características individuais das pessoas com as quais você interage. Esteja atento à personalidade de cada um, e isso te trará relações muito mais duradouras do que aquelas pautadas por generalizações perigosas.
- ✓ Ouça ativamente cada pessoa. Isso significa praticar a escuta individualizada. Faça isso com genuína curiosidade e empatia. Saber ouvir é uma das competências mais poderosas de um(a) líder que deseja inspirar, motivar e conectar pessoas diferentes entre si.
- ✓ Estimule pessoas do seu convívio em projetos intergeracionais. É fundamental criar oportunidades para que pessoas de diferentes idades trabalhem juntas em projetos, debates, mentorias reversas ou trocas de experiências. Lembre-se de que o convívio direto ajuda a derrubar estereótipos!

Devemos ter em mente que mais de 20% da população brasileira já é composta de pessoas nascidas entre 1995 e 2010. Isso significa que a Geração Z influencia toda a sociedade com seus comportamentos. Essa geração é conhecida por parte da literatura como *TrueGen*, isto é, a geração da verdade. Pesquisas da McKinsey revelam que os jovens dessa geração valorizam a expressão de sua individualidade e evitam rótulos.

Essa constatação torna os perigos de generalizações geracionais ainda mais perigosos. Com base nesse estudo, é muito provável que indivíduos da Geração Z fiquem ainda mais incomodados com os rótulos do que, por exemplo, indivíduos das Gerações X e Y.

Fechar os olhos para a complexidade humana é, sem dúvida, um atalho tentador – mas perigoso. Ao rotularmos pessoas com base apenas na geração a que pertencem, acabamos por reduzir sua riqueza a um único aspecto de sua identidade. Líderes atentos e conscientes sabem que a força de um grupo está justamente na diversidade de vivências, valores e visões de mundo. E mais: reconhecem que o verdadeiro desafio da liderança não está em controlar ou encaixar pessoas em categorias previsíveis, mas em acolhê-las como são, com todas as nuances que carregam.

Que possamos, portanto, trocar a pressa do julgamento pela paciência da escuta. Que em vez de repetirmos narrativas simplistas sobre "os jovens de hoje" ou "os mais velhos de sempre", passemos a fazer perguntas mais profundas sobre o que move cada pessoa. Ao fazermos isso, ampliamos nossa capacidade de construir relacionamentos mais genuínos, ambientes mais inclusivos e uma sociedade menos refém de estereótipos. No fim das contas, ao reconhecermos e valorizarmos a singularidade de cada um, estamos não apenas evitando generalizações, mas também exercendo liderança com humanidade.

3 EXPLORE OS VALORES CENTRAIS DAS NOVAS GERAÇÕES

"Para extrairmos o melhor de cada um é fundamental tomarmos como elemento central seus valores. Esses são traços de uma liderança autêntica, muito bem vistos pelas novas gerações."

Tanto o campo da Psicologia quanto o campo do Comportamento Organizacional são exemplos de áreas que lidam com a temática dos valores humanos. Esses valores também são conhecidos como "princípios norteadores de nossas ações", e cada um de nós é guiado, predominantemente, por um conjunto deles. O Quadro 3.1 retrata uma síntese de exemplos, não exaustivos, de valores básicos.

Quadro 3.1 Lista de valores humanos básicos

1. **Ajuda** - fazer o que for preciso para atender aos outros
2. **Amizade** - companheirismo, camaradagem e desprendimento
3. **Aparência pessoal** - cuidar da vestimenta e do visual
4. **Arrumação** - limpeza, ordem, cada coisa em seu lugar
5. **Autocontrole** - autodisciplina e controle sobre si próprio
6. **Autorrealização** - ter completado, com sucesso, tarefas e projetos reais e visíveis
7. **Autoridade** - capacidade de realização e de fazer as coisas acontecerem
8. **Aventura** - encarar desafios, correr riscos e superar limites
9. **Bom humor** - encarar a vida com leveza e espontaneidade
10. **Capacidade de perdoar** - disposição de perdoar e não guardar mágoas
11. **Competência** - ser bom no que faz, ser capaz e competente
12. **Competitividade** - ser um(a) vencedor(a) e fazer as coisas melhor que os outros
13. **Comunicação** - diálogo fácil, aberto, conhecer outros pontos de vista
14. **Comunidade** - preferência por viver em grupos vizinhos e com pessoas próximas

(continua)

(continuação)

15. **Conhecimento** - procurar estímulos intelectuais, buscar novas ideias e novos modos de entendimento
16. **Consenso** - tomar decisões de relevância e viabilidade para todos
17. **Coragem** - defender aquilo em que acredita, sentir orgulho com isso
18. **Crescimento espiritual** - relacionar-se com os outros a fim de propósitos positivos, cultivar a espiritualidade
19. **Criatividade** - encontrar novos cominhos e alternativas inovadoras de fazer as coisas
20. **Democracia** - capacidade de aceitar e de conviver com diferenças étnicas, religiosas e político-ideológicas
21. **Desafio** - testar os limites físicos com audácia, velocidade e agilidade
22. **Desejo de progredir** - ir em frente com ambição e aspiração pelo progresso
23. **Diplomacia** - encontrar consenso e administrar conflitos
24. **Equipe/Time** - cooperar uns com os outros para atingir objetivos comuns
25. **Estabilidade** - previsibilidade e certeza no jeito de pensar
26. **Família** - ser atencioso(a) e dedicar tempo para o convívio com as pessoas queridas
27. **Harmonia interior** - ausência de conflitos consigo próprio, paz interior
28. **Honestidade** - ser sincero(a), confiável
29. **Independência** - ter autonomia para realizar
30. **Integridade** - agir coerentemente com suas crenças
31. **Intimidade** - desenvolver laços emotivos e espirituais
32. **Justiça** - oportunidades iguais e respeito aos direitos individuais
33. **Liberdade** - decidir e agir segundo sua própria determinação
34. **Meio ambiente** - respeito à natureza e à vida ambiental
35. **Paz** - não às armas, não à violência, conflitos bem resolvidos
36. **Perseverança** - terminar o que começar, complementar as tarefas, ir até o fim
37. **Poder** - controle sobre outros de modo a que eles façam o que você quer
38. **Posição intelectual** - ser reconhecido(a) como especialista, alguém que sabe das coisas
39. **Prazer** - satisfação pessoal diante da vida e prazer nas realizações
40. **Prosperidade** - possibilidade de obter o que se deseja adquirir
41. **Racionalidade** - consistência, lógica, clareza, predomínio da razão
42. **Reconhecimento** - deseja reconhecimento pelo esforço e pela dedicação
43. **Respeito** - demonstrar consideração e apreço como questão de honra
44. **Responsabilidade** - ser capaz de responder pelas ações e compromissos assumidos
45. **Saúde** - desenvolver e manter um bom estado físico
46. **Segurança** - não correr riscos, não ter preocupações
47. **Sentimento de pertencer** - estar ligado(a) às pessoas, ser estimado(a) pelos companheiros
48. ***Status*** - obter reconhecimento e respeito pela posição que ocupa
49. **Tolerância** - respeito às diferenças individuais
50. **Verdade** - franqueza e sinceridade consigo e com o outro

Um dos melhores modos de se conhecer uma pessoa é por meio da identificação e da interpretação de seus valores centrais. Há quem queira mais poder, há quem queira mais tolerância, há quem queira mais liberdade, e assim por diante. Experimente, quando tiver oportunidade, "aplicar" essa lista com pessoas próximas a você, tanto no âmbito pessoal quanto no âmbito profissional. Esse exercício te mostrará, centralmente, duas coisas: (i) as pessoas são muito diferentes umas das outras; (ii) é muito difícil "acertarmos" quais são os valores que predominam na vida de alguém, especialmente se estivermos falando de alguém cuja convivência conosco ocorre somente no ambiente de trabalho.

É justamente o tamanho desse desafio que torna a experiência tão enriquecedora. Conhecer os valores das pessoas é um dos principais modos de motivá-las e, apesar de serem de difícil generalização, há um conjunto de valores que norteiam o pensamento, os sentimentos e as ações de boa parte dos jovens que hoje compõem a Geração Z.

No decorrer de nossa obra, trazemos maior profundidade para os diferentes valores que, por vezes, predominam entre a Geração Z, mas, antes, é importante que todos conheçam alguns dos principais, destacados pela literatura e pelas pesquisas da área.

Como vimos no Capítulo 2, a "verdade" é um desses valores. O termo *TrueGen* (em português, "geração da verdade") ilustra essa ideia, que também está associada à noção de autenticidade, em combinação com outros valores centrais (não exaustivos), a saber:

- ✓ **Autenticidade** – valorizam ser quem realmente são, sem máscaras.
- ✓ **Diversidade e inclusão** – defendem respeito às diferenças e às causas sociais.
- ✓ **Bem-estar mental** – priorizam saúde emocional e equilíbrio.
- ✓ **Sustentabilidade** – preocupam-se com o meio ambiente e o consumo consciente.
- ✓ **Propósito no trabalho** – buscam sentido no que fazem, não apenas salário.
- ✓ **Tecnologia integrada** – vivem conectados e esperam soluções digitais ágeis.

Há uma série de fatos sociais que trazem maior peso para esses valores por parte das novas gerações. Esses jovens cresceram em meio às mídias sociais, espaço digital cercado por informações e declarações inverídicas, o que pode levá-los a valorizar mais aquilo que é real e transparente.

Também se destaca a ideia de que essa geração é mais diversa, por ter sido educada com maior consciência sobre as desigualdades que cercam o Brasil e o mundo. Não podemos desconsiderar que essa geração teve, e tem, muito mais acesso às informações nacionais e globais.

A busca por bem-estar mental pode estar associada ao enfrentamento de altos níveis de ansiedade e pressão diante de um mundo que parece ser cada vez mais complexo, em que as noções de certo e errado foram, em grande medida, relativizadas. Também pelo fato do crescente número de adoecimento entre os jovens, o cuidado da saúde mental cresceu em importância.

A sustentabilidade, ou o respeito às questões socioambientais, decorre de testemunharem os efeitos da crise climática em tempo real e quererem um futuro viável. Em gerações anteriores existiam muitas dúvidas sobre essas questões. Hoje, a necessidade de melhor cuidarmos do meio ambiente, por exemplo, é mais difícil de ser questionada, e os jovens demonstram maior grau de consciência do que gerações anteriores.

Outro ponto que se destaca é que essa geração busca um propósito claro em seu trabalho. É mais difícil para ela "trabalhar por trabalhar". A busca por impacto positivo e maior alinhamento com seus valores decorre dessa ideia. O diálogo mais aberto em sua criação familiar também é fator que influencia em seu senso de propósito.

O relato de Carla (pseudônimo), jovem que atua como desenvolvedora em *startup* de um empreendimento social, permite refletirmos sobre os valores presentes nas novas gerações.

RELATO REAL – CARLA E SUA BUSCA POR PROPÓSITO

"Tenho 23 anos e muita gente me chama de 'idealista demais'. Dizem que eu deveria aceitar um bom salário e pronto, mas não é assim que eu enxergo as coisas. Me formei em Design e trabalho com tecnologia em uma *startup*, mas o que me faz acordar com vontade é saber que o aplicativo que estamos criando ajuda pequenos produtores a venderem diretamente para o consumidor. Isso tem impacto social e ambiental. Não consigo separar trabalho daquilo que acredito. Também já ouvi que falo demais sobre diversidade, mas não vejo como seria possível ignorar temas que tocam a minha realidade e a de tanta gente próxima. Se não puder ser eu mesma no ambiente de trabalho, prefiro não estar lá."

Carla, desenvolvedora em *startup* de um empreendimento social.

Figura 3.1 Valores da Geração Z.

Como destacado no início deste capítulo, cada indivíduo tem, obviamente, um conjunto de valores predominantes. Entretanto, convidamos os líderes a **explorarem os valores centrais das novas gerações**, posto que frequentemente norteiam o sentimento, o pensamento e as ações das novas gerações. Para essa finalidade sugerimos algumas boas práticas, reunidas no Quadro de Ação a seguir.

QUADRO DE AÇÃO

- ✓ Utilize a lista de valores como ferramenta de autoconhecimento e diálogo. A lista apresentada no capítulo pode ser aplicada como um exercício prático em reuniões individuais, rodas de conversa ou dinâmicas de equipe. Ao convidar seu time – especialmente os mais jovens – a selecionarem e a refletirem sobre seus valores predominantes, o líder abre espaço para conversas significativas sobre o que realmente importa para cada pessoa. Esse exercício revela a diversidade de motivações no time e ajuda a evitar julgamentos apressados com base em estereótipos geracionais.
- ✓ Conhecer os valores é apenas o primeiro passo. A liderança precisa garantir que o ambiente organizacional favoreça a vivência desses valores no dia a dia. Isso significa permitir que a autenticidade seja bem recebida, apoiar de forma concreta a saúde mental dos colaboradores, sustentar compromissos com diversidade e inclusão e incorporar práticas sustentáveis. Ambientes incoerentes com os valores declarados geram desmotivação e ruptura de confiança.
- ✓ Reforce o propósito das atividades e conecte o trabalho a causas reais. A Geração Z busca impacto, sentido e coerência entre o que faz e o que acredita. Cabe à liderança reforçar o propósito por trás das atividades diárias, conectando as entregas a metas mais amplas – como transformação social, inovação com impacto ou desenvolvimento sustentável. Isso pode ser feito por meio de narrativas que mostrem como o trabalho de cada pessoa contribui para algo maior. Lideranças que conseguem "traduzir" tarefas em causas têm mais chances de engajar essa geração que rejeita o "trabalhar por trabalhar".

Para liderar as novas gerações com inteligência e sensibilidade, é essencial compreender que seus valores não são apenas preferências passageiras, mas pilares de identidade e critérios de decisão. A Geração Z se movimenta por autenticidade, inclusão, propósito e saúde mental, não como bandeiras isoladas, mas como princípios interligados que moldam sua maneira de existir e interagir no mundo. Ignorar esses valores ou tratá-los como meras tendências é desperdiçar a chance de engajar, inspirar e desenvolver talentos de forma significativa.

No contexto organizacional, isso exige uma revisão dos modelos tradicionais de liderança, baseados em controle e conformidade. As novas gerações esperam ambientes em que possam se expressar, aprender continuamente e contribuir para algo maior que elas mesmas. Reconhecer a importância dos valores centrais é, portanto, uma estratégia de gestão e uma demonstração de respeito genuíno. Líderes atentos a essas dimensões constroem laços de confiança e favorecem uma cultura de pertencimento, inovação e alto desempenho.

Por fim, é importante reconhecer que colocar tudo isso em prática envolve desafios reais. Identificar e dialogar com os valores centrais de cada colaborador requer tempo, escuta e disposição para ajustar rotas. No entanto, esse esforço é cada vez mais necessário em um mundo em transformação, no qual as organizações que melhor compreendem as pessoas são também as que mais prosperam. Liderar pelas lentes dos valores não é apenas uma escolha ética, mas uma poderosa vantagem competitiva.

4 AJUSTE AS EXPECTATIVAS ÀS REALIDADES QUE ESSAS GERAÇÕES ENFRENTAM

"Enxergar o mundo pelos olhos dos outros é uma das experiências mais difíceis de serem alcançadas. É também por isso que pessoas empáticas podem se destacar tanto em suas profissões."

Temos a tendência de ver o mundo somente com base em nossos próprios olhos, isto é, em nossa própria vivência. Os filósofos antigos dizem que um sapo tende a enxergar "sapo" nos outros, que um cachorro tende a enxergar "cachorro" nos outros, e assim por diante. Mas, o que isso significa? Basicamente, que temos a grande tendência a buscar nas pessoas características próximas das nossas.

Estamos, em geral, preocupados em estabelecer conexões com estilos que sejam mais similares aos nossos. O campo da Neurociência, por exemplo, destaca que nosso cérebro está acostumado com padrões. Mais até do que somente acostumados, a ciência retrata que nós temos uma grande tendência a gostar de padrões. Posto de modo simples, digamos que nossa sobrecarga intelectual tende a ser menor quando temos a percepção de que estamos lidando com pessoas que entendemos ser menos diferentes de nós.

Se, por um lado, nosso custo intelectual pode ser menor em nossa relação com pessoas mais parecidas conosco, por outro, esse movimento é muito limitante para um líder, principalmente porque o líder, em geral, atua com pessoas muito diferentes umas das outras em seu time. Muito diferentes, portanto, dele mesmo.

Devemos lembrar que o líder, diferentemente de uma pessoa que é "apenas um chefe", cuida de pessoas para que juntas alcancem grandes objetivos. Essa é a essência do conceito de liderança na literatura acadêmica. Como podemos cuidar de pessoas sem melhor compreendermos suas realidades?

RELATO REAL - MARINA E A REALIDADE DA GERAÇÃO Z

"Às vezes sinto que as pessoas esperam que eu reaja às situações como se o mundo fosse o mesmo que elas conheceram na juventude. Mas o meu mundo sempre foi cheio de notícias pesadas, crises ambientais, redes sociais mostrando tudo o tempo inteiro, e uma cobrança invisível para ser alguém com propósito, sucesso e equilíbrio - tudo ao mesmo tempo. Não é que eu não queira 'dar certo'. É que eu cresci com uma sensação constante de instabilidade, e isso moldou muito do que eu valorizo. Vejo muitos adultos achando que somos distraídos ou inseguros, mas o que eu vejo na minha geração é outra coisa: gente tentando fazer sentido de um mundo que muda rápido demais."

Marina, 18 anos, estudante de Direito.

Figura 4.1 Marina e as realidades de sua geração.

A principal mensagem deste capítulo é de que não podemos criar expectativas sobre o jeito e sobre o trabalho das pessoas tomando como base apenas nossas próprias vivências. Precisamos, para isso, retirar nosso ego de campo e usar nossa atenção plena em prol de conhecer a realidade das pessoas que nos cercam. Isso não vale somente na temática das idades ou gerações, mas para qualquer tipo de característica que esteja presente nas pessoas com as quais lidamos. Qual será, por exemplo, a realidade que cerca muitas pessoas da Geração Z, grande foco de nossa obra? O relato de Marina (pseudônimo) nos traz caminhos para essa resposta.

Vimos no Capítulo 1 que a Geração Z engloba os indivíduos que nasceram entre 1997 e 2010. Tomando como base o ano de 2025, estamos falando de pessoas que têm entre 15 e 28 anos. Levando em conta somente os aspectos temporais, esses jovens sofreram grandes influências tanto do período que pode compreender 1997-2010 quanto, obviamente, de 2011 até os dias de hoje.

1997-2010

Não temos a pretensão de registrar todos os acontecimentos relevantes do Brasil e do mundo nesse período, mas devemos ter em mente que a Geração Z foi moldada por acontecimentos marcantes ocorridos entre 1997 e 2010 – período em que o mundo vivia uma profunda transição econômica, social, política e tecnológica. Crescer sob o impacto de eventos como os atentados de 11 de setembro, a Guerra do Iraque, grandes desastres naturais e a crise financeira de 2008 expôs essa geração à ideia de que a **instabilidade** é parte do cotidiano. Isso contribuiu para o desenvolvimento de um senso de urgência e realismo diante da vida, assim como para o fortalecimento do valor da segurança emocional e do equilíbrio mental.

No Brasil, o mesmo período foi marcado por debates sobre justiça social, políticas de redistribuição de renda e maior informação sobre nossas desigualdades sociais. Esses acontecimentos deixaram marcas importantes: muitos jovens da Geração Z cresceram vendo seus pais conquistarem direitos ou enfrentarem desafios que despertaram neles uma consciência crítica precoce sobre desigualdades e diversidade. Isso ajuda a explicar o forte senso de propósito e justiça social que caracteriza essa geração.

Além disso, nesse período, o mundo testemunhou uma verdadeira revolução digital. A Internet deixou de ser novidade e passou a moldar comportamentos, acelerando o acesso à informação e o surgimento de novas formas de interação social. A Geração Z é a primeira a ser considerada nativamente digital, e esse traço é fundamental para compreendermos sua forma de sentir, pensar e agir. Isso significa que sua maneira de aprender, trabalhar, se relacionar e lutar por causas está diretamente ligada a essa imersão tecnológica – o que também exige, das lideranças, novos formatos de diálogo, comunicação e inspiração.

Reforçamos que liderar pessoas de outra geração não é um desafio a ser "resolvido", mas uma prática contínua de empatia, escuta e adaptação. A liderança contemporânea pede menos julgamento e mais observação. Pede menos repetição do passado e mais leitura atenta do presente. E, sobretudo, pede que deixemos de lado a ilusão de que todos devem se moldar à nossa lógica. Quem lidera com atenção plena, ajustando expectativas à realidade das pessoas, lidera com potência transformadora.

Compreender o comportamento da Geração Z passa por reconhecer os desafios históricos que atravessaram sua formação. Essa geração cresceu entre atentados terroristas globais, colapsos econômicos, desastres ambientais e uma avalanche de estímulos digitais. Foi chamada a amadurecer em um mundo instável, no qual a segurança deixou de ser garantida e o futuro se tornou mais difícil de prever. Ignorar esse contexto é ignorar parte fundamental de sua identidade. Liderar com consciência geracional, portanto, é um convite a enxergar além do óbvio – e, sobretudo, além de nós mesmos.

Boa parte dos leitores de nossa obra é das gerações X (nascidos entre 1965 e 1980) e Y (nascidos entre 1981 e 1996). Tomando como base o ano de 2025, isso significa dizer que esses leitores têm entre 29 e 44 anos (Geração Y) e 45 e 60 anos (Geração X). O mundo mudou muito nessa faixa de tempo, e todas essas mudanças influenciaram o comportamento das pessoas, como no caso de Marina. Por isso, elencamos no Quadro de Ação a seguir boas práticas para que você possa **ajustar suas expectativas às realidades enfrentadas por essa geração.**

QUADRO DE AÇÃO

- ✓ Não crie expectativas baseadas apenas na sua própria história. Muitos líderes, mesmo sem perceber, projetam suas experiências passadas como se fossem referência universal. Esperam que os jovens valorizem estabilidade, ajam com a mesma lógica de carreira linear ou se motivem pelos mesmos incentivos que funcionaram décadas atrás. Essa projeção gera expectativas irreais e, muitas vezes, julgamentos apressados. A Geração Z não é uma versão jovem das gerações anteriores: ela foi formada por outros contextos, outras urgências e outras referências.
- ✓ Busque compreender, de fato, a realidade que molda essa geração. Mais do que evitar julgamentos, é necessário ter curiosidade genuína para conhecer o que está por trás dos comportamentos e das escolhas da Geração Z. Essa geração cresceu sob o impacto da hiperconectividade, da instabilidade econômica, das pautas sociais e da valorização da saúde mental, ou seja, suas decisões refletem um mundo muito mais complexo do que o que moldou líderes das Gerações X ou Y. Compreender essa realidade – por meio da escuta ativa, do diálogo e da abertura a novas perspectivas – é pré-requisito para uma liderança que deseja se conectar de verdade.
- ✓ Atualize seus padrões de liderança: pluralidade, autonomia e propósito como bússolas. Engajar a Geração Z requer novas formas de liderar: menos imposição, mais propósito; menos controle, mais colaboração. Ambientes que valorizam a pluralidade, permitem autonomia e conectam as tarefas ao impacto gerado são os que mais ressoam com essa geração. Liderar não é pedir que os outros se moldem a você: é adaptar-se para construir juntos.

COMPREENDA COMO AS NOVAS GERAÇÕES VIVEM RELAÇÕES LÍQUIDAS E FLEXÍVEIS

"Não foi a Geração Z que criou a Modernidade Líquida. A Geração Z é fruto dela. Enquanto fruto, sofre com os ônus e bônus do contexto social em que cresceu."

Não há como falarmos de relações líquidas sem logo pensarmos no grande pensador Zygmunt Bauman (1925-2017). Em seu livro intitulado *Amor Líquido: sobre a fragilidade dos laços humanos* (título original: *Liquid Love – On the Frailty of Human Bonds*, 2003), Bauman desenvolve sua ideia de "modernidade líquida". Para o autor, nosso tempo vem sendo marcado por relações instáveis, voláteis e frágeis. Segundo ele, nas sociedades contemporâneas, os vínculos interpessoais tornaram-se mais superficiais e efêmeros, refletindo uma lógica de consumo: cria-se, usa-se, descarta-se.

Isso não significa que as pessoas deixaram de buscar conexões, mas sim que as relações, por vezes, deixam de ser compromissos duradouros, contexto em que os indivíduos evitam o peso e a responsabilidade que os vínculos mais profundos trazem.

O texto de Bauman nos traz, na verdade, uma crítica aos perigos desse tipo de relação líquida. Ao contrário das "relações sólidas", baseadas na confiança, passamos a formar conexões mais frágeis e imediatistas, em que as pessoas com as quais nos relacionamos passam a ser vistas como potencial fonte de satisfação – e não como alguém com quem construir algo ao longo do tempo. Trata-se de uma visão muito lúcida sobre nossa contemporaneidade.

E o que tem a Geração Z com isso? Terá sido a Geração Z que "criou" o que Bauman denomina "modernidade líquida"? Trataremos da primeira pergunta a partir daqui. Quanto à segunda, a evidente resposta é um sonoro "não". A Geração Z nasceu e cresceu em meio a essa lógica não podendo, portanto, ter sido sua causadora. Ela é, na verdade, fruto desse mundo moldado pela modernidade líquida, caracterizada por:

- ✓ Relações afetivas frágeis.
- ✓ Identidades instáveis.
- ✓ Conexões rápidas e descartáveis (especialmente nas mídias sociais).
- ✓ Insegurança quanto ao futuro e à estabilidade.

Essa geração busca pertencimento, autenticidade e propósito, mas muitas vezes enfrenta relações fluídas, excesso de estímulos e medo do compromisso – exatamente os dilemas descritos por Bauman em *Amor Líquido* e outras obras. O relato de Lucas (pseudônimo), assistente administrativo, ilustra essa ideia.

O que o relato de Lucas revelará na sequência é o paradoxo vivido por grande parte da Geração Z: desejam vínculos verdadeiros, mas cresceram em um ambiente em que a impermanência se tornou regra. Essa geração foi socializada em um cenário de instabilidade – afetiva, econômica, ambiental e institucional – e aprendeu, desde cedo, a se proteger por meio da flexibilidade. Relações são iniciadas com facilidade, mas também interrompidas sem grandes explicações. Aplicativos de conexão rápida, *timelines* que se renovam em segundos e uma cultura de *performance* contínua tornam difícil a construção de vínculos profundos e duradouros. Há sempre a sensação de que tudo pode ser substituído, inclusive as pessoas.

Ao compreender essa dinâmica, líderes, educadores e profissionais de desenvolvimento humano devem tomar cuidado para não interpretar esse comportamento como falta de profundidade ou desinteresse. Trata-se, muitas vezes, de uma forma de defesa diante de um mundo que ensinou esses jovens a não confiar na estabilidade. O desafio está em criar espaços de confiança, escuta e segurança emocional em que esses vínculos possam ser reconstruídos – não a partir da rigidez das gerações anteriores, mas com flexibilidade, presença e compromisso real. Afinal, a Geração Z não necessariamente deseja viver em liquidez: apenas aprendeu a lidar com ela.

RELATO REAL – LUCAS E AS RELAÇÕES LÍQUIDAS

"Tenho 22 anos e, às vezes, me sinto cercado por conexões que começam rápido e terminam sem explicação. Nas redes, a gente conversa com todo mundo, mas, na prática, se sente sozinho. Já fiquei dias esperando uma resposta de alguém que parecia superinteressado – e, do nada, sumiu. E eu também já sumi. A verdade é que a gente tem medo de se apegar, porque tudo parece provisório: o emprego, os relacionamentos, até as ideias que a gente defende hoje podem mudar amanhã. Vejo meus pais falando de relações que duram décadas, amizades da infância que ainda existem. No meu mundo, é tudo meio líquido mesmo. A gente quer se conectar, mas morre de medo de se envolver demais e sofrer. Tem um medo constante de ser abandonado."

Lucas, 22 anos, assistente administrativo.

Figura 5.1 Lucas diante da modernidade líquida.

Diante desse desafiador contexto, o que os líderes podem fazer? Defendemos que é necessário **compreender como as novas gerações vivem relações líquidas e flexíveis** por meio de práticas como as seguintes:

QUADRO DE AÇÃO

✓ Construa segurança emocional sem rigidez. A Geração Z cresceu em meio a instabilidades e aprendeu a lidar com vínculos frágeis e ambientes incertos. Por isso, em vez de exigir comprometimento imediato ou lealdade incondicional, o líder deve cultivar espaços consistentes de escuta, apoio e acolhimento. Criar rituais de conexão, oferecer *feedbacks* frequentes e demonstrar presença real são formas de construir vínculos de confiança em um contexto em que tudo parece substituível.

✓ Reconheça que a flexibilidade é uma estratégia de sobrevivência, não desinteresse. Evite interpretar respostas rápidas, hesitação diante de compromissos ou mudanças de rota como sinais de imaturidade. A flexibilidade, para muitos jovens, é um mecanismo aprendido diante de promessas que se quebraram facilmente. O papel do líder é compreender esse código e, a partir dele, oferecer estabilidade gradualmente – por meio de coerência nas ações, clareza nas expectativas e consistência nas relações.

✓ Promova vínculos autênticos, sem romantizar a estabilidade! A Geração Z valoriza pertencimento, mas desconfia de vínculos forjados por **obrigação** ou **hierarquia**. Por isso, é fundamental que o líder não tente reproduzir modelos do passado com base em autoridade formal ou permanência cega. Relações sólidas, nesse contexto, são aquelas construídas com autenticidade, propósito compartilhado e respeito mútuo – e não necessariamente pela duração, mas pela qualidade do encontro.

Ao compreender essa dinâmica, líderes, educadores e profissionais de desenvolvimento humano devem tomar cuidado para não interpretar o comportamento da Geração Z como sinônimo de falta de profundidade ou como desinteresse. Já ouvimos muitos relatos de gestores experientes que, de certo modo, acusam as novas gerações de serem desinteressadas pelo trabalho ou pelo crescimento.

Nossa obra busca, também, quebrar esse mito. Há milhões de jovens fazendo coisas incríveis ao redor do globo. Muitas crenças limitantes vêm sendo quebradas pelas novas gerações, com as quais, aliás, é possível aprendermos muito. Se você se vê em um contexto de baixo engajamento dos jovens com os quais está trabalhando, reflita, com toda a honestidade, sobre até que ponto o problema não pode ser você. O exercício vale a pena, pois não há como engajar as pessoas sem conhecer o que as motiva.

Compreender como as novas gerações vivem relações líquidas e flexíveis não é apenas uma chave para melhorar a convivência no trabalho: é um convite a revermos nossos próprios referenciais sobre vínculo, pertencimento e estabilidade. A Geração Z não está desinteressada: ela apenas enxerga o mundo por lentes forjadas em outro tempo, marcado por rupturas, velocidade e excesso de possibilidades. Por isso, julgar seus comportamentos com base em padrões antigos não aproxima – afasta. A saída, portanto, é abandonar os modelos únicos e abrir espaço para escuta, adaptação e presença real.

Este capítulo nos lembra que não basta querer que os jovens "se encaixem" em formas anteriores de se relacionar, produzir ou se comprometer. É preciso humildade para reconhecer que o mundo mudou; e que, em vez de resistirmos a essa mudança, podemos aprender com ela. A Geração Z talvez não queira construir relações nos moldes tradicionais, mas isso não significa que ela rejeita profundidade. Significa, sim, que ela precisa de novos formatos para confiar, se engajar e permanecer. E cabe a nós, como educadores, líderes e colegas de jornada, construir essas pontes com sensibilidade e coragem.

6 ENTENDA A BUSCA POR MÚLTIPLAS RENDAS E OCUPAÇÕES

"As mudanças no mercado de trabalho trazem como consequência as reações dos jovens a elas. Entre essas consequências estão a busca por diferentes fontes de renda e a consequente ampliação de suas ocupações."

No Capítulo 4, destacamos uma série de acontecimentos que influenciaram os anos de nascimento dos jovens da Geração Z (1997-2010). Devemos, além disso, compreender os anos subsequentes, isto é, de 2010 até os dias de hoje. Nossa escrita não diz respeito ao excelente campo da História, não sendo essa nossa pretensão. Queremos apenas destacar alguns pontos que vêm levando os jovens a buscarem múltiplas rendas e ocupações.

Os anos recentes vêm sendo marcados pela instabilidade do mercado de trabalho e, especialmente, pela precarização dos vínculos empregatícios. O Brasil é um grande exemplo desse desafiador cenário, posto que, de acordo com dados do Instituto Brasileiro de Geografia e Estatística – IBGE (2025), a taxa de informalidade no mercado de trabalho brasileiro é de aproximadamente 38% da população ocupada. Isso equivale a cerca de 39 milhões de trabalhadores que atuam sem carteira assinada ou sem registro formal de atividade.

Os jovens da Geração Z com idade para trabalhar representam uma parcela significativa da informalidade no mercado de trabalho brasileiro. No fim de 2024, a taxa de informalidade entre jovens de 18 a 29 anos foi de 38,5%, ligeiramente acima da média nacional de 38,3%. Além disso, a taxa de desemprego entre os jovens é consideravelmente mais alta do que a média nacional. No mesmo período, a taxa de desemprego para jovens de 18 a 29 anos foi de 10,1%, mais que o dobro da observada entre adultos de 30 a 59 anos, que foi de 4,5%.

Esses dados indicam que os jovens enfrentam maiores desafios para ingressar e se manter no mercado de trabalho formal, o que os leva a recorrer a ocupações informais como alternativa de renda, e/ou a buscar mais de um emprego para compor a renda familiar, como no caso de Bruno (pseudônimo), motorista de aplicativo.

RELATO REAL - BRUNO E SEUS "BICOS"

"Me formar foi importante, mas não resolveu tudo. Trabalho como motorista de aplicativo há dois anos e, nas horas vagas, faço *freelas* de *design* gráfico. Não era o que eu planejava, mas foi o que encontrei para me manter. Meu curso foi em Publicidade e eu até tentei vaga em agência, mas os salários eram baixos e as oportunidades muito instáveis. A ideia de ter um único emprego, com carteira assinada e todos os benefícios, parece distante pra gente. A maioria dos meus amigos também se vira com dois ou três 'bicos'. A gente se adapta, porque precisa pagar as contas e tentar guardar um pouco, se der. Ao mesmo tempo, eu gosto dessa liberdade de horários, de poder escolher meus projetos. Só queria que não fosse tão incerto o tempo todo."

Bruno, 25 anos, motorista de aplicativo.

Figura 6.1 Bruno em uma de suas ocupações.

Além do contexto socioeconômico, há entre os jovens da Geração Z um desejo crescente por autonomia, flexibilidade e realização pessoal, o que leva muitos a diversificarem suas atividades, unindo trabalho com propósito, projetos paralelos e empreendedorismo. Soma-se a isso a influência de valores como liberdade, inovação e busca por significado, que fazem com que uma única ocupação raramente satisfaça todas as expectativas dessas gerações. É sobre dinheiro, mas é também sobre princípios.

Muitos gestores mais experientes, porém, formados em uma lógica de carreira linear e estável, ainda não compreendem – ou resistem a aceitar – essa nova realidade. Enxergam a multiplicidade de ocupações como falta de foco, descomprometimento ou até mesmo indisciplina. Em reuniões, avaliações de desempenho ou processos seletivos, é comum julgarem negativamente jovens profissionais que têm mais de uma atividade ou que mudaram de emprego com frequência. Ignoram o contexto de precarização e instabilidade que molda essas escolhas, perpetuando expectativas ultrapassadas sobre "lealdade" e "carreira sólida".

Outro erro frequente está na tentativa de impor uma única régua para medir o sucesso profissional. Esses líderes, muitas vezes, não conseguem perceber valor no desenvolvimento paralelo de competências ou na construção de diferentes fontes de renda – ainda que essas experiências estejam formando profissionais mais resilientes, criativos e adaptáveis. Ao não reconhecerem essas trajetórias como válidas, acabam criando um ambiente organizacional que desmotiva, exclui e até desperdiça talentos que poderiam contribuir com perspectivas inovadoras e maior dinamismo para a organização.

Além disso, o fato de os jovens vivenciarem múltiplos ambientes e experiências profissionais pode, na verdade, ser benéfico para seus gestores e para as organizações como um todo. Ao transitar por diferentes contextos – sejam estes formais ou informais, corporativos ou autônomos –, esses profissionais têm a oportunidade de desenvolver uma visão mais ampla, maior capacidade de adaptação, repertório diversificado e uma inteligência prática que muitas vezes falta em trajetórias mais lineares. Quando gestores deixam de reconhecer esse possível valor, perdem a chance de aproveitar *insights* por vezes valiosos sobre novos mercados, tecnologias emergentes e formas mais flexíveis e eficientes de trabalhar, que podem inclusive inspirar melhorias dentro da própria empresa. Esse cenário é possível e não pode ser ignorado pelos gestores. Convidamos o leitor, portanto, a entender a busca por múltiplas rendas e ocupações feita por parcela dos jovens da Geração Z, seguindo algumas boas práticas.

QUADRO DE AÇÃO

- ✓ Valorize e reflita sobre as experiências atuais e pregressas dos jovens. É fundamental que líderes desenvolvam um olhar atento e genuinamente interessado pelas trajetórias profissionais dos jovens com quem atuam. Em vez de enxergar essas vivências como distrações ou desvios, os gestores devem se perguntar: que competências essa pessoa pode ter desenvolvido nesse caminho?
- ✓ Revise critérios de avaliação de desempenho e sucesso profissional. Gestores experientes precisam atualizar suas métricas e expectativas em relação ao que significa ser um "bom profissional". Carreiras não lineares, projetos paralelos e empreendedorismo não devem ser vistos como ameaças, mas como potenciais fontes de desenvolvimento de competências. Avaliar apenas estabilidade e tempo de casa pode ser contraproducente.
- ✓ Incentive o aproveitamento das competências dos jovens. Em vez de tentar limitar os profissionais a funções rígidas, os líderes podem convidá-los a aplicar habilidades adquiridas – como criatividade, domínio de ferramentas digitais, comunicação, gestão de tempo e empreendedorismo.

> Essa valorização dos saberes amplia a contribuição dos jovens, gera mais engajamento e, ao mesmo tempo, transforma o ambiente em um espaço de inovação contínua.

Reconhecer e valorizar a busca dos jovens por múltiplas rendas e ocupações exige uma mudança de mentalidade por parte dos líderes e das organizações. Trata-se de abandonar antigas certezas sobre o que é uma "carreira ideal" e abrir espaço para novas formas de trajetória profissional.

Esse movimento pode gerar desconforto, especialmente para quem cresceu em um mundo de estabilidade e previsibilidade, mas é justamente na flexibilidade que reside a força das novas gerações. Adaptar-se a essa realidade não significa perder controle: significa ampliar horizontes.

É desafiador, sim, mas vale a pena. Quando gestores decidem enxergar essas experiências como oportunidades, eles não apenas ampliam seu repertório de liderança, como também fortalecem suas equipes com profissionais mais engajados, inventivos e sintonizados com as transformações do mundo.

A diversidade de vivências se transforma, então, em insumo estratégico para inovação, aprendizado e competitividade. E mais: esse reconhecimento gera vínculos de confiança, respeito e pertencimento – valores que, ainda que expressos de formas distintas, continuam sendo fundamentais em qualquer geração.

7 RECONHEÇA A DIFICULDADE QUE ESSAS GERAÇÕES TÊM COM HIERARQUIAS RÍGIDAS

"Hierarquias rígidas são como gelo – duras, porém fáceis de quebrar. Já as lideranças flexíveis são como água. Se adaptam, sustentam e permanecem."

"Manda quem pode, obedece quem tem juízo." Você certamente já ouviu ou já proferiu esse dito popular. As gerações mais antigas cresceram ouvindo esta frase em casa, no ambiente de trabalho, na escola e em tantos outros lugares. Ela reflete um pensamento muito comum ainda nos dias de hoje, de que quem detém o poder dá as ordens, e quem valoriza a própria segurança ou tranquilidade, se tiver juízo, ou seja, consciência do que pode perder ao não obedecer, deve respeitar as regras que lhe são impostas. Mesmo que estas sejam abusivas, absurdas ou incoerentes.

Com a facilidade de acesso à informação que nós, inclusive os mais jovens, temos, acreditar que as pessoas vão sucumbir às ordens sem ao menos refletir, é uma ilusão. A Geração Z, que cresceu interagindo em plataformas horizontais como mídias sociais e jogos *online*, está habituada à troca rápida de informações, à liberdade de opinar, comentar, votar e cocriar. Nesse contexto de colaboração constante, estruturas hierárquicas rígidas perdem sentido, especialmente em ambientes organizacionais que dependem do trabalho em equipe para atingir objetivos comuns.

Nesse sentido, uma hierarquia muito rígida, com cadeias longas de aprovação, quebram a lógica de mudança constante que essa geração considera natural. As hierarquias engessadas e verticalizadas travam a experimentação que a Geração Z busca e sinalizam uma falta de propósito prático, uma vez que o valor do conhecimento também está em sua velocidade de circulação. Por isso, estruturas piramidais retardam a transferência de conhecimento e, na percepção das novas gerações, escondem a informação.

Não se trata de "votar em tudo". As novas gerações não buscam fazer parte de 100% das decisões, mas desejam participar e não serem apenas executoras. Segundo pesquisas da McKinsey e Deloitte, cerca de 70% da Geração Z deseja ter algum tipo de participação nas decisões que afetem diretamente o seu trabalho. Como condição fundamental para aceitar ou permanecer em um cargo, esses jovens profissionais esperam ter influência nas decisões que definem como, quando ou com quem fazem o trabalho. Líderes que aparecem apenas para cobrar ou aprovar pedidos a distância quase dobram a intenção de saída desses profissionais, como no relato de Sofia (pseudônimo).

RELATO REAL - SOFIA E O CHEFE FANTASMA

"Todos os dias meu gestor surge na tela como um *pop-up* incômodo, exigindo prazos impossíveis ou carimbando decisões que tomou sozinho, sem jamais pisar no chão da fábrica de ideias em que eu e meus colegas suamos para inovar. A hierarquia aqui é tão rígida que parece uma torre de gelo fria, imponente e frágil: basta um raio de insatisfação para rachar. Enquanto ele coleciona aprovações, eu coleciono planos de fuga, certa de que lideranças assim só prejudicam profissionais que preferem estar em lugares em que a confiança e o diálogo não sejam luxos, mas fundamento."

Sofia, 26 anos, executiva de contas em agência de publicidade.

Figura 7.1 Insatisfação diante da hierarquia rígida.

Para as novas gerações, esse comportamento do gestor de Sofia é visto de forma muito negativa. Segundo pesquisa da McKinsey, um gestor que é inacessível, que está pouco presente no dia a dia, que não fornece *feedback* ao time, que toma decisões de portas fechadas ou que se importa pouco com o desenvolvimento das pessoas figura entre os três principais motivos de desligamento da Geração Z nas organizações.

Isso não significa que esses jovens "rejeitam autoridade" pura e simplesmente. Estudo recente apontou que o que esses jovens recusam é obedecer a ordens sem entender a lógica por trás delas. Nesta pesquisa, líderes organizacionais relatam frustração quando esses jovens questionam suas instruções, mas a mesma pesquisa mostra que esses jovens da Geração Z se sentem fortemente motivados pela qualidade da relação com o gestor direto, ver o líder como parceiro de sucesso é seu segundo maior impulsionador no trabalho, perdendo apenas para aumentos de salário ou bônus, mas superando até o desejo de promoção.

A confiança que antes se depositava apenas na organização foi substituída pela confiança nas relações e na reputação construída entre pessoas. Jovens profissionais tendem a acreditar mais em comunidades e mentores escolhidos do que em hierarquias formais. Assim, sistemas baseados em autoridade vertical soam obsoletos, e até arriscados, para trajetórias de carreira marcadas por reinvenções e portabilidade de competências. Contextos que neguem voz, velocidade e sentido tornam-se pouco atraentes para a Geração Z, que aprendeu a colaborar em redes abertas e a medir valor por impacto compartilhado, não por *status* formal.

Diante disso, separamos, no Quadro de Ação a seguir, boas práticas para que você **reconheça a dificuldade que essas gerações têm com hierarquias rígidas**.

QUADRO DE AÇÃO

- ✓ Troque estruturas rígidas por redes ágeis de colaboração, nas quais a coordenação se foca em remover obstáculos, conectar talentos e tornar metas e critérios de sucesso visíveis para todos.
- ✓ Cultive segurança psicológica incentivando perguntas, reconhecendo incertezas e valorizando erros que tragam aprendizado; isso libera as pessoas para experimentar, compartilhar descobertas cedo e agir sem ficar à espera de autorizações formais.
- ✓ Estabeleça acordos claros de autonomia, em que o grupo decide e responde pelos resultados coletivos. Alinhe propósito e indicadores a benefícios tangíveis para o público atendido, transformando a liderança em facilitadora de aprendizado contínuo e impacto positivo.

Existe uma sabedoria antiga que afirma: "as pessoas pedem demissão do chefe e não da empresa". A sentença escancara que, antes de romper com a organização, o profissional parte porque o vínculo de confiança com quem o lidera se quebrou. Essa ruptura tem uma versão camuflada e mais perigosa conhecida como "demissão silenciosa": nela, o profissional não pede demissão, mas desconecta o engajamento. Ele passa a cumprir apenas tarefas mínimas, evita iniciativas, posterga decisões, bloqueia o fluxo de conhecimento e, às vezes, mina resultados para ser dispensado.

Hierarquias não precisam ser demolidas; precisam virar pontes que deixem a informação passar e a conversa fluir. O gestor que troca o comando-controle pela regência de talentos orquestra ideias como um maestro: define o tom, mas deixa cada instrumento brilhar. Quanto mais flexível a estrutura, mais rápido o conhecimento circula – exatamente o que a Geração Z considera natural desde que aprendeu a colaborar em ambientes virtuais.

8 EQUILIBRE A AGILIDADE TECNOLÓGICA COM A VERIFICAÇÃO DE INFORMAÇÕES

"Quando a informação corre mais que a reflexão, é o juízo que chega atrasado."

Na realidade em que vivemos, a agilidade tecnológica virou sinônimo de relevância: pesquisas na Internet em frações de segundos, informações atualizadas em tempo real, Inteligência Artificial gerando relatórios em minutos e decisões que não esperam a "ficha cair". Para a Geração Z, isso é quase instintivo, pois foi alfabetizada clicando no botão "publicar" assim que a ideia parece ser brilhante. No entanto, uma coisa que todos estamos aprendendo na prática é que a mesma rapidez que impulsiona a criatividade pode espalhar dados errados em efeito dominó, arranhando a credibilidade de qualquer pessoa ou organização.

Equilibrar esses dois polos – velocidade e checagem – exige mudar nosso roteiro mental: inserir filtros de verificação não como um freio burocrático que atrasa processos, mas como etapa orgânica e fundamental do processo criativo. De acordo com pesquisa da Deloitte Digital, mais de 60% dos profissionais da Geração Z desejam ferramentas no seu dia a dia que facilitem checar fontes com a mesma rapidez com que compartilham *links*, ou seja, querem velocidade com segurança. Outra pesquisa, esta da McKinsey, também reforça essa informação, pois revela que organizações que combinam ciclos ágeis com verificações de qualidade, reduzem em até 45% o retrabalho gerado por decisões baseadas em dados imprecisos. É produtividade pura e reputação garantida em um movimento único.

Esses dados demonstram o que constatamos diariamente, em todas as esferas da vida: é crucial sermos ágeis para obter informações, mas igualmente rigorosos nos critérios de verificação desse conteúdo. Em tempos em que a velocidade de compartilhamento determina o ritmo dos negócios e das interações sociais, quem alia rapidez a pensamento crítico evita erros dispendiosos e ainda fortalece uma reputação sólida e confiável. Nossas decisões, sejam elas estratégicas, acadêmicas ou cotidianas, valem apenas tanto quanto a qualidade das evidências que as sustentam. O relato real de Carla (pseudônimo) revela uma situação de seu trabalho em que uma informação foi compartilhada e utilizada sem a devida verificação, trazendo constrangimentos para toda a equipe de trabalho.

RELATO REAL - CARLA E AS INFORMAÇÕES SEM VERIFICAÇÃO

"Certa vez um colega postou um gráfico no grupo do trabalho e outro colega replicou sem nem abrir o *link* ou conferir a informação. Dias depois, utilizaram a informação em uma reunião com a diretoria. Na hora da apresentação, uma pessoa que estava presente na reunião questionou a fonte da informação e só aí eles descobriram que era um dado de 2018. Perdemos horas refazendo a apresentação, além do puxão de orelha e da vergonha que passamos. Se ninguém aperta pause para perguntar 'de onde veio isso?', a gente corre rápido, mas na direção errada."

Carla, 23 anos, analista de produtos em uma multinacional do setor farmacêutico.

Figura 8.1 Carla e a verificação de informações.

O relato de Carla ilustra o "ponto cego" de muitas equipes ou grupos de pessoas: confiamos no ritmo dos cliques e esquecemos de calibrar a bússola. Isso acontece com pessoas de qualquer geração, não é um fenômeno exclusivo da Geração Z. Profissionais experientes também reenviam planilhas desatualizadas ou citam números de memória, confiando mais no emissor do que na evidência. Essa pressa compartilhada cria um terreno escorregadio, em que dados frágeis podem sustentar decisões de grande impacto, e é aqui que a liderança precisa intervir para instalar filtros tão ágeis quanto os atalhos que usamos para compartilhar.

Quando um erro desse tipo estoura, o custo não é só refazer *slides*, como no caso de Carla e seus colegas de trabalho, é a confiança abalada entre pares e a sensação de que qualquer informação pode ser descartável. Para liderar as novas gerações, portanto, vale tornar o ato de checar tão natural quanto o de compartilhar. Vamos ver o Quadro de Ação a seguir e verificar o que podemos fazer para que a afirmação **"equilibre a agilidade tecnológica com a verificação de informações"** seja possível.

QUADRO DE AÇÃO

- ✓ Crie o hábito de reservar um tempo antes de qualquer entrega ou compartilhamento de informações, para que você e as pessoas possam responder a três perguntas-chave: "Qual é a fonte?", "É atual?" e "Outras fontes confiáveis confirmam isso?".
- ✓ Crie pares que trocam de função a cada rodada de trabalho: um produz, o outro valida dados-chave. Garante aprendizado cruzado e reduz a chance de viés único.
- ✓ Mantenha, em um canal público, uma curadoria viva de bases de dados, artigos e relatórios verificados. Quanto mais fácil encontrar a boa informação, menos tentação de repassar a duvidosa.

Essas boas práticas demonstram que velocidade e confiabilidade não são adversárias, e sim parceiras. Quando o líder promove espaços para questionar, validar e aprender com os próprios deslizes, ativa o melhor da agilidade tecnológica sem cair na armadilha da pressa vazia. O resultado é um time que corre rápido, sim, mas com o GPS dos fatos sempre ligado.

Se ainda restar dúvida de quão cotidiano é o problema da informação não checada, basta lembrar das correntes de WhatsApp durante as eleições: um dado falso sobre número de urnas falhas circula em minutos, ganha credibilidade apenas porque foi "reenviado muitas vezes" e, de quebra, molda opiniões antes que órgãos oficiais publiquem a checagem.

Isso vale para boatos sobre vacinas ou preços de combustíveis. São notícias que atravessam grupos familiares, foros de condomínio e até reuniões de conselho. Quando líderes, especialmente os mais antigos, normalizam o hábito de verificar fatos, eles estendem essa disciplina para muito além do ambiente de trabalho: ajudam as novas gerações e suas equipes a filtrarem *fake news*, reconhecerem vieses e protegerem decisões coletivas. Afinal, equilibrar a agilidade tecnológica com a verificação de informações não é só boa prática corporativa; tornou-se um ato de cidadania digital.

9 APRIMORE A COMUNICAÇÃO E O APRENDIZADO PARA GERAÇÕES HIPERCONECTADAS

> *"Aprender deixou de ser um lugar para onde vamos e passou a ser o rio em que já estamos mergulhados."*

A Geração Z e os jovens Alpha consomem conhecimento em pequenas doses, ou seja, um tutorial de 90 segundos, um *podcast* em velocidade 2x, um *post* em poucos caracteres. Esse consumo hiperfragmentado de conhecimento é simplesmente o formato nativo de quem nasceu deslizando a tela. Para dialogar com essas gerações, líderes e educadores precisam traduzir conteúdo denso em narrativas curtas, visuais e interativas, sem renunciar à profundidade. Uma pesquisa publicada na *Harvard Business Review* indica que profissionais com menos de 30 anos retêm até 40% mais quando aprendem em micromódulos distribuídos ao longo da semana, comparados aos *workshops* extensos de um único dia.

Outra característica marcante é a comunicação multicanal: Slack, Teams, Discord, WhatsApp, tudo isso em paralelo ao *e-mail* oficial. Quando a mensagem não chega pelo meio certo, ela simplesmente não existe. Pesquisa da McKinsey mostrou que 74% dos jovens da Geração Z preferem receber *feedback* via mensagem de voz ou vídeo curto, pois, desse modo, sentem proximidade e clareza emocional. Morre, assim, o mito de que bastam *slides* bem-feitos para uma apresentação ser bem-sucedida. Com as novas gerações é preciso também **realizar uma cuidadosa curadoria de canais e formatos.**

Além disso, as novas gerações aprendem em rede: fazem uma pergunta no Reddit, leem a resposta em inglês, testam no projeto e gravam um vídeo ensinando. O ciclo de "aprender-aplicar-compartilhar" acontece em poucas horas, não em meses como os mais antigos estão acostumados. Organizações que reconhecem esse ritmo e fornecem espaços digitais em que a troca é validada, tais como fóruns internos e bancos de tutoriais criados pelos próprios colaboradores, aceleram inovação e engajamento com esses jovens profissionais. Vejamos o relato de Luana (pseudônimo) para entendermos um pouco mais sobre como esses jovens buscam conexão entre diferentes canais de comunicação para absorção do conhecimento.

RELATO REAL - LUANA E A HIPERCONECTIVIDADE

"Se eu passo um dia inteiro em um curso sem poder pesquisar nada no celular ou comentar no *chat*, parece que o estudo fica preso naquela sala, sem conseguir fluir e navegar por outros espaços. Prefiro quando posso pausar, buscar um exemplo no YouTube, compartilhar um *insight* no grupo e depois voltar para a discussão. Isso me faz sentir que estou realmente absorvendo o conteúdo."

Luana, 21 anos, estagiária de Marketing.

Figura 9.1 Luana e sua maneira de aprender.

O relato da Luana mostra que, para os hiperconectados, aprender é atividade distribuída, acontece no intervalo do café, na página da mídia social e na nuvem, "tudo misturado". Se líderes insistirem em formatos lineares e unidirecionais, perdem a atenção logo nos primeiros minutos. A solução é transformar o ato de comunicar e ensinar em experiência participativa, fluida e multimídia.

Por isso, vale pensar no modo de compartilhar conhecimento com a Geração Z como um núcleo com múltiplas portas de entrada: vídeos curtos, *podcasts* de 5 minutos, *checklists* interativos e desafios práticos que podem ser concluídos no próprio fluxo de trabalho. Quando o indivíduo conclui um item da "*playlist* de aprendizagem", ele recebe *feedback* imediato, seja um *emoji* de aprovação do colega, um selo digital público ou um convite para compartilhar um *insight* em um canal aberto. Esse ciclo curto de ação-retorno sacia a necessidade de recompensa instantânea típica das plataformas sociais, ao mesmo tempo em que mantém o conteúdo vivo, revisitado e aperfeiçoado coletivamente.

Outro ponto crítico é a autoria: em vez de centralizar todo o material em especialistas experientes, incentive os próprios participantes a criarem microtutoriais, *lives* de bastidores ou resumos visuais do que aprenderam. Quando esses profissionais assumem o papel de cocriadores, o conhecimento passa a circular em rede, ganha exemplos reais do dia a dia e se atualiza quase em tempo real. Assim, a liderança evolui de guardiã do saber para curadora de um ecossistema de aprendizagem contínua, em que todos ensinam, todos aprendem e ninguém fica parado esperando o próximo treinamento oficial chegar.

Vamos ver o Quadro de Ação a seguir para que você **aprimore a comunicação e o aprendizado para gerações hiperconectadas.**

QUADRO DE AÇÃO

- ✓ Divida conteúdos extensos em cápsulas de até 5 minutos (vídeo, áudio ou infográfico) e distribua-os em sequência lógica com pequenos testes para reforço.
- ✓ Combine reuniões presenciais com mensagens de voz curtas, enquetes instantâneas e reações com *emojis* para sinalizar compreensão e ajustar rota rapidamente.
- ✓ Crie um espaço interno (fórum ou canal específico) em que os colaboradores publiquem tutoriais, dúvidas e *cases* de sucesso, recebendo reconhecimento público pelas contribuições.

Essas práticas do Quadro de Ação mostram que aprimorar a comunicação e o aprendizado não é tornar tudo um jogo, mas sim alinhar formato ao comportamento de quem já vive em fluxo digital, como é o caso da Geração Z e das demais gerações que estão chegando.

Ao oferecer conhecimento em doses curtas, múltiplos canais de *feedback* e um ecossistema de troca contínua, o líder ativa o melhor das gerações hiperconectadas: curiosidade incansável, capacidade de autoaprendizagem e vontade de compartilhar o que aprendem. O resultado é um ciclo virtuoso em que a informação circula, competências evoluem e a organização aprende tão rápido quanto o mundo muda.

Entretanto, reconhecemos que trocar treinamentos de horas por cápsulas de 5 minutos, responder em múltiplos canais e ainda checar a consistência de cada dado não é tarefa simples. Exige desapego de formatos consagrados, investimento em novas plataformas e, sobretudo, paciência para rever rotinas quando a agenda já está lotada. No entanto, seguir comunicando e ensinando do mesmo "modo de sempre", gera um custo silencioso: a distância crescente entre quem lidera e quem chega cheio de energia, deslizando a tela em busca de sentido.

Adaptar-se, portanto, não deve ser encarado como um luxo pedagógico restrito a alguns líderes, e sim como condição de diálogo com as gerações que moldarão o futuro do trabalho, do mercado e da própria sociedade. Quando o esforço de mudar encontra curiosidade genuína e intenção de aprender junto, as barreiras se tornam pontes, o saber flui, a confiança cresce e todos ganham velocidade sem perder profundidade. Afinal, liderar é evoluir com o tempo e o tempo agora é hiperconectado.

10 VALORIZE A BUSCA POR PROPÓSITO NO TRABALHO

"Propósito é aquele motor silencioso que decide se você levanta da cama com energia ou só com o despertador."

No Capítulo 3, exploramos os valores centrais das novas gerações e vimos que "propósito no trabalho" aparece entre os mais citados. Agora mergulhamos nesse valor específico, porque, mais do que qualquer outro grupo, a Geração Z quer fazer diferença de verdade.

Para os jovens da Geração Z, o significado daquilo que realizam profissionalmente está entre os dois principais motivos para aceitar, manter ou deixar um cargo. Apenas os *Millennials* (Geração Y) mais jovens se aproximam desse patamar, segundo pesquisa da McKinsey & Company. Segundo pesquisa da Deloitte, publicada na Forbes, 86% da Geração Z relaciona a satisfação profissional a um senso claro de propósito. Ignorar essa bússola interna significa perder engajamento, inovação e, em última instância, um potencial talento.

Para entender por que isso é tão importante para esses jovens, vale recorrer ao conceito japonês Ikigai, transformado em um modelo de autoconhecimento que ajuda a identificar o ponto de encontro entre quatro dimensões fundamentais da vida: o que você ama fazer; o que você faz bem-feito; o que o mundo precisa; e pelo que você pode ser pago. Quando respondemos a essas quatro perguntas, na interseção desses quatro elementos, temos nosso Ikigai, nosso propósito, a nossa "razão de ser" ou a "razão para levantar da cama todas as manhãs". Veja na Figura 10.1, a seguir, a representação visual desse modelo de autoconhecimento.

Figura 10.1 Modelo Ikigai.

As novas gerações internalizaram essa lógica; por isso, para elas, não basta apenas gostar do que fazem se a atividade não gera impacto percebido, nem adianta ganhar dinheiro sem paixão ou utilidade social. Elas, invariavelmente, avaliam oportunidades sob a lente desse diagrama mental, ainda que não conheçam esse modelo.

Isso coloca líderes diante de um desafio-oportunidade: transformar funções que podem ser operacionais em narrativas que apresentem uma contribuição maior do que aparentam ter. Líderes e organizações que conseguem deixar claro como cada tarefa alimenta um propósito maior e mais relevante, como reduzir emissões de carbono, democratizar educação ou simplificar a vida das pessoas, conseguem reduzir expressivamente a demissão desses jovens profissionais e aumentam sua produtividade, segundo a McKinsey & Company.

Vamos ler, a seguir, o relato da jovem Rafaela (pseudônimo), que atua na área de Tecnologia do setor de energia e hoje consegue se manter motivada e engajada porque percebe a contribuição real da sua atividade profissional, fazendo com que ela enxergue o propósito de seu trabalho.

RELATO REAL – RAFAELA E A BUSCA POR REAL CONTRIBUIÇÃO

"Trabalhava em uma empresa durante 8 horas por dia em que o objetivo era 'bater meta de entrega' e isso drenava minha motivação, não tinha vontade nenhuma de ir trabalhar todos os dias. Por isso, busquei oportunidades que pudessem me ajudar a dedicar estas horas do meu dia em algo que fizesse sentido. E deu certo! Hoje, quando vejo que meu trabalho ajuda a economizar energia em milhares de casas, fico feliz e trabalho até depois do horário sem perceber."

Rafaela, atua na área de Tecnologia do setor de energia.

Figura 10.2 Rafaela e seu propósito.

O relato de Rafaela reflete a ideia de Ikigai vivido na prática: a habilidade técnica que ela tem em trabalhar com programação, a sua paixão pela sustentabilidade do planeta, a necessidade do uso eficiente de energia, que ela acredita ser importante para o mundo e para as pessoas, e o retorno financeiro que ela ganha com esse trabalho se encontram no mesmo projeto.

A busca por propósito não é exclusividade da Geração Z. O documentário *Como viver até os 100: os segredos das zonas azuis*, disponível na Netflix, analisa as práticas e os estilos de vida de quem vive nas chamadas "zonas azuis" - Okinawa, Japão; Sardenha, Itália; Icaria, Grécia; Loma Linda, Califórnia e Nicoya, Costa Rica –, lugares onde há alta concentração de pessoas centenárias com qualidade de vida. De acordo com décadas de estudo, os pesquisadores concluem que entre os fatores que contribuem para que as pessoas vivam bem até os 100 anos está a clareza do seu propósito de vida, ou seja, a busca por propósito é, muitas vezes, o que nos mantém vivos!

Diante dessa compreensão, para liderar bem as novas gerações, é vital ajudá-las a compreenderem o propósito de suas atividades. O Quadro de Ação a seguir vai te ajudar a refletir e agir de modo que você **valorize a busca por propósito no trabalho**.

QUADRO DE AÇÃO

- ✓ Antes de iniciar um projeto, deixe claro como aquele esforço contribui para o bem-estar coletivo, seja melhorar a comunidade, proteger o meio ambiente ou ampliar o acesso a conhecimento. Quando as pessoas enxergam a utilidade maior do que fazem, sentem-se parte de algo que transcende tarefas pontuais.
- ✓ Reserve momentos para que cada participante reflita sobre quatro perguntas: "O que ama fazer?", "Em que é bom?", "De que o mundo precisa?" e "Pelo que pode ser reconhecido ou recompensado?". Usar essas respostas para ajustar funções, projetos ou papéis fortalece a sensação de propósito.
- ✓ Disponibilize espaço (tempo, recursos, autonomia) para que grupos formem equipes temporárias dedicadas a desafios sociais, ambientais ou educacionais relevantes para a organização. Ao permitir que as pessoas se voluntariem e colaborem além de suas rotinas, você transforma o propósito em experiência prática e comunitária.

Essas práticas, quando aplicadas, transformam o discurso de propósito em experiência cotidiana para esses jovens profissionais. Quando o líder reconhece a bússola de significado que guia os hiperconectados, dá a eles razão para investir talento e criatividade onde trabalham, não apenas onde sonham trabalhar. Assim, cultivar o propósito deixa de ser um benefício intangível e vira estratégia concreta para atrair, engajar e reter as gerações que construirão o futuro da organização e, quem sabe, do próprio planeta.

Ao incorporar o propósito como eixo de decisões, do planejamento estratégico às conversas de corredor, a liderança mostra que resultado e significado não caminham em pistas paralelas, mas na mesma estrada. Esse alinhamento cria um ambiente em que cada pessoa, ao identificar seu próprio Ikigai, percebe que há espaço para transformar talento em contribuição tangível, reforçando a motivação coletiva. Quando metas e valores convergem, as histórias de impacto passam a circular espontaneamente, alimentando um orgulho compartilhado que fortalece vínculos e eleva o patamar de entrega.

No contexto organizacional, cultivar propósito é também um ato de coragem, pois exige renunciar a métricas puramente quantitativas, escutar expectativas diversas e ajustar rotas sempre que o sentido se perde. Porém, as organizações que aceitam esse convite colhem mais do que engajamento, geram legados que atravessam gerações, atraem aliados externos e se tornam referências de como a ação humana pode equilibrar prosperidade e responsabilidade. Entre a complexidade do mundo e o ideal de uma sociedade mais justa, fazer sentido é um excelente caminho para fazer diferença.

11 APOIE A CRESCENTE PREOCUPAÇÃO COM A SUSTENTABILIDADE DO PLANETA

"Progresso de verdade é aquele que satisfaz as necessidades de hoje sem roubar das gerações futuras o direito de escolher o próprio amanhã."

Um dos valores que mais mobiliza as novas gerações é o cuidado com o meio ambiente e a sustentabilidade do planeta. A Geração Z, em especial, combina idealismo com atitude de consumo consciente: vê-se como parte de uma corrente progressista que quer frear a crise climática e ampliar a equidade social. Esses jovens entendem que "fazer a sua parte" vai do descarte correto de resíduos à escolha de organizações que cultivem diversidade e adotem práticas verdes transparentes.

Por isso, mais do que qualquer geração anterior, cobram de empresas, governos e instituições um propósito legítimo, compromissos ambientais rigorosos e oportunidades reais para pessoas de origens historicamente sub-representadas.

Além disso, essa geração teve uma experiência muito turbulenta na entrada da sua vida adulta: a pandemia de COVID-19. Esses jovens viram seus contratos de estágios serem cancelados, suas aulas na faculdade e formaturas acontecerem no formato *online* e um mercado de trabalho que encolheu justamente quando esses jovens planejavam seu primeiro passo profissional.

Estudos mostram que mais de um terço das pessoas da Geração Z perdeu oportunidades de emprego durante a pandemia. Isso refletiu diretamente na sua renda e na autoestima. Esse contexto de crise sanitária reforçou para esses jovens a percepção de que desequilíbrios ambientais podem paralisar a sociedade inteira, uma vez que um vírus do outro lado do mundo se espalhou rapidamente, impactando a vida da população mundial. Isso deixou evidente para as novas gerações como o planeta e os projetos de vida são inseparáveis.

Não é surpresa, portanto, que sustentabilidade tenha saltado para o topo das prioridades dessa geração. Na pesquisa global da Deloitte, 60% desses jovens declararam ficar ansiosos com as mudanças climáticas e mais de metade disse que investiga o histórico ambiental de marcas e instituições antes de se engajar com elas. Outro estudo aponta que sete em cada dez jovens já mudaram hábitos de consumo para reduzir a pegada de carbono. Para a Geração Z, apoiar práticas sustentáveis não é campanha de marketing, é garantia de futuro viável para si e para as próximas gerações.

O relato real de Henrique (pseudônimo), um jovem de 22 anos que estava estudando Administração e havia conseguido seu primeiro emprego, como estagiário de uma grande empresa da sua cidade, mostra como isso afetou suas escolhas pessoais e profissionais.

RELATO REAL - HENRIQUE E SEU SONHO DE ESTÁGIO ROUBADO

"Fui demitido do estágio dos meus sonhos na segunda semana de pandemia. Foi horrível, pois tinha muitos planos de carreira naquela empresa. Passei meses revendo minhas escolhas pessoais e profissionais, e concluí que não fazia sentido trabalhar em projetos que destroem o lugar onde pretendo viver. Hoje só colaboro com iniciativas que mostrem como pretendem contribuir com o meio ambiente. Caso contrário, prefiro ficar fora."

Henrique, 22 anos.

Figura 11.1 Henrique e o contexto da pandemia.

O exemplo de Henrique evidencia a ponte entre incerteza pessoal e urgência ambiental: perder o emprego foi traumático, mas também catalisou uma busca por instituições comprometidas com um planeta habitável. Ignorar esse sentimento coletivo significa afastar voluntários, alunos, clientes e profissionais que querem alinhar esforço cotidiano a causa maior. Organizações de qualquer natureza - escolas, ONGs, cooperativas, empresas - que demonstram sério compromisso ecológico convertem essa ansiedade em energia criativa e participação.

O Quadro de Ação a seguir apresenta sugestões para que você **apoie a crescente preocupação com a sustentabilidade do planeta**.

QUADRO DE AÇÃO

- ✓ Mostre, de maneira simples e acessível, como cada ação coletiva - como plantio de árvores, redução de resíduos ou economia de energia - pode ser revertida em números concretos: em litros de água poupados, emissão de gás carbônico evitada, metros de área verde recuperados. Quando enxergamos o efeito prático do esforço, a causa deixa de ser abstrata e vira motivo de orgulho compartilhado.
- ✓ Reserve tempo, recursos ou até um cantinho físico/virtual para que grupos proponham soluções sustentáveis: hortas comunitárias, campanhas de reciclagem, aplicativos de carona solidária. Ao permitir que estudantes, moradores, voluntários ou colaboradores experimentem projetos-piloto, você converte a preocupação ambiental em participação ativa.
- ✓ Estabeleça parcerias com escolas, universidades, coletivos locais ou plataformas abertas que monitorem a qualidade do ar, a biodiversidade ou o consumo de recursos. Engajar pessoas na coleta e na interpretação desses dados fortalece o senso de responsabilidade e cria uma rede de aprendizado contínuo que vai muito além dos muros da organização.

Quando o planejamento e o propósito ambiental caminham lado a lado, o resultado é maior do que somente a redução de impactos, ele gera orgulho de pertencer, inspira novas adesões e cria redes de aprendizagem entre as diferentes gerações. Implementar práticas sustentáveis, mesmo as mais simples, pode parecer custoso no início, mas o preço de ignorar essa agenda é a perda de relevância para quem já entende que prosperidade e planeta saudável não se separam.

Ao adotar essas práticas, organizações de qualquer natureza deixam claro que enxergam a sustentabilidade não como moda passageira, mas como uma premissa base para existir a longo prazo. Essa postura gera um efeito cascata, pois quanto mais transparente o impacto, mais gente se engaja. Quanto maior o engajamento, mais soluções surgem. E quanto mais soluções, mais robusto o compromisso coletivo. Assim, o cuidado ambiental passa de projeto pontual a parte integrante da identidade institucional, fortalecendo a confiança entre as gerações, especialmente entre os jovens que tiveram sua entrada na vida adulta marcada pela instabilidade causada pela pandemia.

Além disso, cultivar a preocupação com causas ambientais prepara pessoas e grupos para futuros choques climáticos ou sanitários, pois treina a mentalidade de prevenção, colaboração e resposta rápida. Em vez de reagir apenas quando estamos diante de uma crise, a comunidade já dispõe de redes, dados e hábitos que reduzem vulnerabilidades. Desse modo, apoiar a crescente preocupação com a sustentabilidade não apenas protege o planeta, mas cria resiliência social, reforça vínculos e sinaliza que cada contribuição, por menor que pareça, ajuda a construir o amanhã que todos desejam habitar.

Ao apoiar a crescente preocupação com a sustentabilidade das novas gerações, líderes e organizações mostram que têm visão a longo prazo o bastante para merecer a confiança de quem vai herdar o mundo que estamos construindo hoje.

12 VALORIZE O CRESCENTE INTERESSE GERACIONAL POR DIVERSIDADE, EQUIDADE E INCLUSÃO

"A forma como reagimos à diferença revela, antes de tudo, a distância que ainda nos separa de nossa melhor versão coletiva."

Imagine uma escada com seis níveis, em que cada degrau traz uma das seguintes palavras: Negação, Defesa, Minimização das diferenças, Aceitação, Adaptação e Integração. Essas palavras representam os estágios do Modelo de Desenvolvimento da Sensibilidade Intercultural, criado por Milton Bennett, que descreve como nos relacionamos com diferenças culturais. Nesse modelo, nos três primeiros níveis, enxergamos o mundo a partir do próprio centro, nos três estágios seguintes, percebemos e valorizamos múltiplas realidades.

Para reconhecer esses níveis no cotidiano, observe pequenas reações diante da diversidade. Quem está no nível Negação raramente nota a presença de costumes diferentes, pode passar por um festival de comida étnica sem curiosidade alguma. No nível Defesa, a diferença é vista como ameaça e piadas depreciativas ou regras que protegem o grupo dominante soam familiares. No nível Minimização, surge o discurso bem-intencionado do "somos todos iguais", que apaga nuances importantes.

A partir do nível Aceitação, a pessoa começa a perguntar "Como é para você?" em vez de supor respostas. No nível Adaptação, ela ajusta deliberadamente a linguagem e o comportamento, como mudar exemplos de aula para incluir realidades variadas. Já no nível Integração, a pessoa transita com naturalidade entre contextos culturais e usa essa competência para mediar conflitos ou gerar novas ideias. Entender onde estamos nessa escada ajuda a escolher o próximo passo deliberado, transformando curiosidade em prática concreta de inclusão.

Veja a ilustração dessa régua na Figura 12.1.

Figura 12.1 Estágios da sensibilidade intercultural.

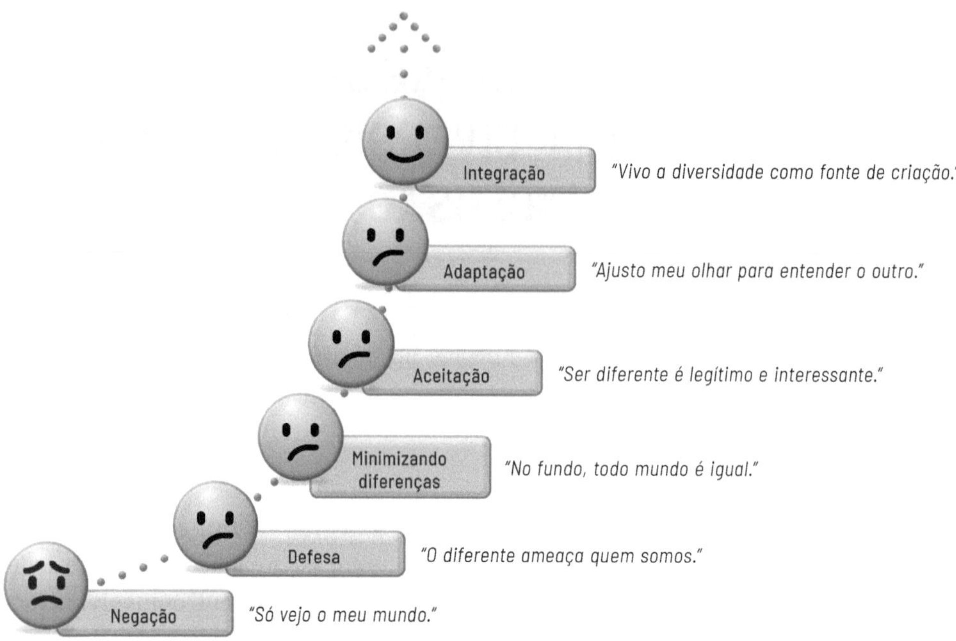

Vale perguntar: em qual nível estamos hoje e o que precisamos fazer para dialogar com quem já nasceu "mais adiante" nesses níveis?

A Geração Z costuma chegar à vida adulta já orbitando entre os níveis de Aceitação e Integração. Parte dessa sensibilidade para questões sociais nasce do próprio retrato demográfico de quem nasceu depois de 1996. Nos EUA, por exemplo, quase metade da Geração Z pertence a grupos raciais ou étnicos minoritários e a geração já desponta como a mais bem-educada da história, segundo o Pew Research Center. Crescer em salas de aula diversas e em redes sociais globais tornou o contato com realidades plurais algo cotidiano, o que aumenta a percepção de injustiças quando vozes ou corpos seguem ausentes dos espaços de poder.

Esse repertório se converte em escolhas bem concretas. Uma pesquisa da Glassdoor mostra que 76% dos candidatos e funcionários, proporção ainda maior entre jovens de até 25 anos, só aceitam ou permanecem em vínculos nos quais a diversidade seja claramente valorizada. No âmbito do consumo, o *Edelman Trust Barometer* registra que cerca de seis em cada dez integrantes da Geração Z compram (ou deixam de comprar) marcas com base no posicionamento sobre equidade e justiça social. Não se trata, portanto, de aderir a campanhas de ocasião. A diversidade, a equidade e a inclusão compõem um valor identitário que orienta estudos, carreira e até o carrinho de compras das novas gerações.

Vamos ler o relato real de Letícia (pseudônimo), uma jovem de 23 anos que é bolsista de pesquisa em universidade e encontrou lá um ambiente diversificado que permite o seu desenvolvimento.

RELATO REAL - LETÍCIA E O AMBIENTE DIVERSO NA UNIVERSIDADE

"Quando entrei no laboratório de inovação da universidade, vi mulheres, pessoas negras, pessoas com deficiência e estudantes internacionais ocupando a mesa de decisão. Na primeira semana, sugeri uma ferramenta de acessibilidade digital e, em vez de ouvir 'depois vemos isso', recebi apoio imediato para pilotar o projeto. Foi a primeira vez que senti que minha voz não só cabia, mas era necessária."

Letícia, 23 anos.

Figura 12.2 Letícia e a diversidade.

O depoimento de Letícia ilustra a expectativa de inclusão como pré-requisito, não bônus: a diversidade precisa estar na sala, na pauta e na decisão. Quando líderes, professores ou gestores ignoram essa premissa, enfrentam desengajamento rápido e ruídos que vão de boicotes a cancelamentos públicos. Por outro lado, quem incorpora práticas de equidade converte essa vigilância social em energia colaborativa: ideias fluem, conflitos são mediados com empatia e a criatividade coletiva aumenta.

No contexto organizacional, o gráfico da Figura 12.3 ilustra o cenário relatado por Letícia, mostrando o desempenho de equipes diversas *versus* equipes homogêneas.

Figura 12.3 Desempenho de equipes diversas *versus* homogêneas.

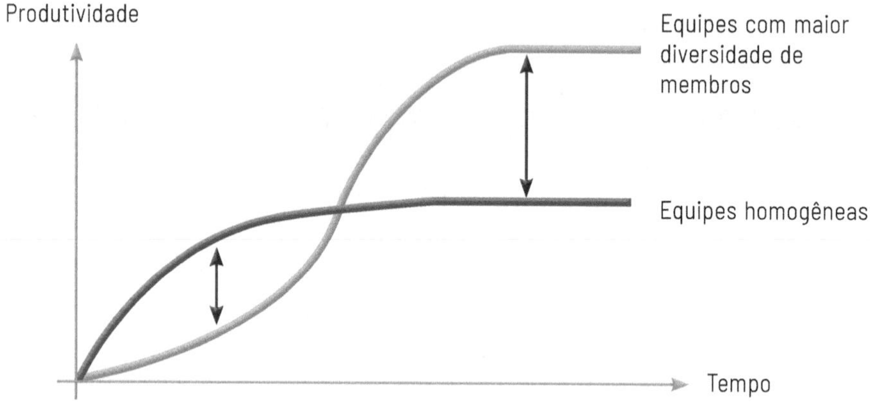

A curva mais clara, inspirada nos experimentos de Katherine W. Phillips, mostra que equipes heterogêneas costumam apresentar uma espécie de vale inicial de produtividade: diferenças de linguagem, referências e estilos de trabalho aumentam o debate e alongam o tempo de alinhamento. Contudo, depois dessa fase de ajuste, o ganho de criatividade, a checagem mútua de ideias e a amplitude de perspectivas fazem a *performance* disparar e atingir patamares inalcançáveis por grupos homogêneos.

A curva mais escura, baseada no modelo de maturidade de Bruce Tuckman, ilustra como times mais parecidos entre si sobem rápido (porque discordam pouco), mas logo estabilizam na geração de novas ideias e produtividade, pois carecem de pontos de vista que desafiem a forma inicial do grupo.

A mensagem prática dos estudos é clara: a diversidade não é atalho para resultados imediatos, é investimento a médio prazo que remunera com inovação, decisões mais robustas e resiliência a mudanças. Líderes, professores, coordenadores de projetos comunitários ou até moderadores de coletivos *online* precisam reconhecer o ciclo natural de tempestade e normatização para colher o bônus de desempenho sustentável. Ao normalizar o debate inicial como etapa de construção, evitamos o erro de atribuir a fricção à falta de competência, quando ela é, na verdade, sinal de pluralidade em ação.

No Quadro de Ação a seguir, vamos refletir em ações que ajude para que você **valorize o crescente interesse geracional por diversidade, equidade e inclusão.**

QUADRO DE AÇÃO

✓ Forme grupos de projeto que misturem idades, gêneros, raças e habilidades para resolver desafios reais (campanhas, eventos, produtos). Trabalhar lado a lado acelera a passagem para Adaptação e Integração, pois diferenças viram recurso comum.

- ✓ Alterne quem conduz a conversa em reuniões de condomínio, assembleias de ONG ou comissões estudantis. Dar voz de comando a perfis variados equaliza poder simbólico e acelera a passagem do estágio de Defesa para Aceitação.
- ✓ Convide voluntários (ou sorteie) para questionar premissas durante decisões: "Quem não está representado aqui?", "Que impacto isso tem em grupos externos?". Esse simples papel garante que perspectivas minoritárias sejam consideradas, mesmo quando ausentes.

As novas gerações, já acostumadas a ambientes pluralistas, reconhecem rapidamente quem honra o discurso de inclusão com processos concretos. Assim, organizações, escolas, coletivos ou empresas que navegarem bem no vale da curva das equipes com maior diversidade de membros não só alcançarão melhor desempenho, mas também se tornarão os espaços preferidos para que as novas gerações depositem seu talento, tempo e confiança.

Ao conectar os estágios do Modelo de Desenvolvimento da Sensibilidade Intercultural que vimos no início deste capítulo, com as evidências de pesquisas e o ciclo de desempenho mostrado no gráfico, chegamos a um panorama em que diversidade, equidade e inclusão não são assuntos restritos a grandes corporações ou governos, são fatores estruturais de vitalidade para qualquer grupo humano que pretenda inovar, aprender e prosperar em um mundo plural.

A Geração Z apenas torna visível, e inegociável, uma exigência que veio para ficar: espaços em que vozes múltiplas são ouvidas, debatidas e incorporadas produzem soluções mais criativas, relações mais justas e decisões mais resilientes. Investir nesse caminho, portanto, é permitir relevância presente e longevidade futura.

PILAR B:
PASSOS PARA NAVEGAR NO AMBIENTE DE TRABALHO DAS NOVAS GERAÇÕES

APRESENTAÇÃO

O Pilar B deste livro tem como objetivo oferecer ao leitor uma visão clara sobre as principais transformações que vêm impactando o ambiente de trabalho contemporâneo. Nesta etapa, discutimos de que maneira fatores como o trabalho remoto, a hiperconectividade, a intensidade tecnológica e a velocidade das mudanças moldam a forma como as novas gerações se relacionam com o trabalho. Também enfatizamos a importância da gestão do tempo, do foco e do cuidado com a saúde mental como elementos estruturantes de ambientes mais saudáveis, produtivos e sustentáveis. Com isso, buscamos apoiar líderes na construção de contextos que dialoguem com as necessidades reais das novas gerações – e com os desafios do presente.

13 ENTENDA COMO AS NOVAS GERAÇÕES LIDAM COM SEU AMBIENTE DE TRABALHO

"As formas das novas gerações enxergarem o mundo impactam não somente em suas opiniões, mas também em suas preferências quanto ao ambiente físico do trabalho. Os líderes devem, portanto, estar atentos a esse tópico, por vezes esquecido no dia a dia."

Neste capítulo, trataremos das preferências da Geração Z quando o assunto é seu ambiente físico de trabalho. Como você acredita que um jovem de 20 e poucos anos enxerga um escritório que segue o tradicional modelo de baias isoladas ou estações fixas e formais? O que você imagina que esses jovens sentem quando são informados que deverão permanecer fisicamente no escritório (tomado aqui em sentido amplo) durante toda a sua jornada de trabalho, nos diversos dias de cada mês, ano após ano?

Pois é. Esse tópico é bastante desafiador para as empresas, especialmente para as mais tradicionais. Mas devemos destacar que pensar nesses elementos é fundamental para o engajamento dos jovens no trabalho.

Quando se trata do ambiente físico de trabalho, as novas gerações demonstram preferência por espaços mais abertos, colaborativos, flexíveis e confortáveis. Elas tendem a rejeitar ambientes rígidos e hierárquicos, como escritórios com baias isoladas ou estações fixas e formais. Preferem *layouts* que estimulem a interação, com áreas de convivência, espaços informais para reuniões, estações compartilhadas (*coworking*) e opções de mobilidade dentro do local.

Além disso, valorizam muito a possibilidade de trabalho híbrido ou remoto, o que torna a presença no ambiente físico mais uma escolha estratégica do que uma obrigação. Ambientes que oferecem conforto ergonômico, acesso à luz natural, áreas de descompressão e que expressam cuidado com o bem-estar físico e mental tendem a ser muito mais bem-aceitos por essas gerações. Essas preferências são consequências naturais de suas experiências de vida e de suas expectativas. Elencamos a seguir cinco grandes fatores que influenciam seus gostos:

1. **Busca por autonomia e liberdade:** cresceram em um mundo digital e descentralizado, o que moldou uma expectativa de autonomia – inclusive sobre onde e como trabalhar. Ambientes físicos mais flexíveis simbolizam essa liberdade de escolha e movimento.
2. **Valorização do bem-estar:** saúde mental, equilíbrio e conforto são fundamentais. Ambientes acolhedores, com iluminação natural, mobiliário ergonômico e espaços de descompressão, demonstram que a liderança se preocupa com o ser humano, não apenas com o desempenho.
3. **Cultura de colaboração:** formadas em mídias sociais e educação com métodos mais participativos, essas gerações tendem a valorizar trocas horizontais e trabalho em grupo. Espaços abertos e colaborativos estimulam a interação, o aprendizado informal e a inovação.
4. **Integração entre vida pessoal e profissional:** para elas, trabalho e vida não são compartimentos isolados. Ambientes físicos que permitem momentos de pausa, socialização ou personalização do espaço ajudam a tornar o trabalho mais humano e menos mecânico.
5. **Adaptação à lógica do híbrido:** tendo vivido (ou começado a vida profissional) durante a pandemia, muitas dessas pessoas já consideram o modelo híbrido como o mais usual. Assim, quando estão no ambiente físico, esperam que ele seja funcional, agradável e, principalmente, justifique a presença.

Em resumo, suas preferências refletem uma ruptura com o modelo tradicional de ambiente corporativo – em favor de espaços que promovam bem-estar, colaboração, autenticidade e liberdade. O relato de Ingrid (pseudônimo), que atua como analista de Marketing em multinacional, ilustra uma experiência negativa que ela viveu em um ambiente que considerou inadequado.

RELATO REAL – INGRID E O AMBIENTE INADEQUADO

"Quando fui contratada, a vaga era híbrida. Me venderam a ideia de que eu teria liberdade para conciliar meus horários e minha presença física no escritório com as entregas. Mas, logo nos primeiros meses, essa promessa se perdeu. A empresa começou a exigir presença diária, sem negociação, mesmo para atividades que eu podia realizar de casa com a mesma qualidade – ou até melhor. O escritório era cheio de baias fechadas, iluminação artificial forte, cadeiras desconfortáveis e nenhuma área comum para interação. Parecia que o foco era vigiar. Eu chegava em casa exausta, não só fisicamente, mas mentalmente. Senti que meu bem-estar não era prioridade."

Ingrid, 24 anos, analista de Marketing de multinacional.

Figura 13.1 O trabalho de Ingrid em escritório fechado.

A essa altura você já deve imaginar quais recomendações traremos para os líderes neste capítulo. Aqui não iremos "reinventar a roda", e sim reafirmar a importância de que você **entenda como as novas gerações lidam com seu ambiente de trabalho**. Vamos às boas práticas!

QUADRO DE AÇÃO

- ✓ Ofereça flexibilidade real – e cumpra o que promete. Se a proposta da organização envolve trabalho híbrido ou remoto, essa promessa deve ser respeitada. Nada desmotiva mais um jovem profissional do que perceber que a "flexibilidade" anunciada não passa de discurso. Os líderes devem garantir que a presença no ambiente físico seja uma escolha estratégica, e não uma imposição sem propósito, reconhecendo que o engajamento não depende da vigilância, e sim da confiança mútua.
- ✓ Repense o *layout* e o uso dos espaços físicos. Ambientes com baias isoladas e estações fixas tendem a ser percebidos como antiquados e opressores. Para atrair e motivar as novas gerações, os líderes devem estimular a criação de espaços colaborativos, áreas de convivência e estações compartilhadas. A presença de locais para conversas informais, pausas e trocas horizontais contribui para a construção de um clima mais leve, criativo e inovador.
- ✓ Promova o bem-estar como pilar do ambiente físico. O cuidado com o conforto físico e mental deve ser visível no espaço de trabalho. Isso inclui desde mobiliário ergonômico e iluminação natural até espaços de descompressão e atenção a elementos que favorecem o equilíbrio e

a saúde mental. Demonstrar, na prática, que o bem-estar das pessoas é prioridade contribui para a construção de vínculos de confiança e pertencimento – valores essenciais para as novas gerações.

Uma das principais mensagens deste capítulo é a de que jamais devemos menosprezar a importância do ambiente físico de trabalho, especialmente para os jovens. Para a Geração Z, o espaço em que se trabalha comunica valores – e pode ser tanto um fator de atração quanto de afastamento. Um ambiente ultrapassado, desconfortável ou excessivamente controlado tende a gerar desengajamento, sensação de inadequação e até pedidos de desligamento. Por outro lado, espaços que acolhem, inspiram e permitem liberdade reforçam vínculos e despertam o melhor de cada pessoa.

Rever o ambiente físico à luz das expectativas das novas gerações não é um capricho moderno, mas uma necessidade estratégica. É desafiador, sim, especialmente para empresas que sempre operaram dentro de modelos rígidos. No entanto, líderes que se dispõem a ouvir, compreender e adaptar-se têm a chance de construir ambientes mais vivos, humanos e produtivos. Porque, no fim das contas, um espaço de trabalho não é apenas onde se trabalha: é onde se vive uma parte importante da vida. E as novas gerações estão nos lembrando disso com força e clareza.

14 RECONHEÇA OS BENEFÍCIOS E OS LIMITES DO *HOME OFFICE* COMO MODELO DE TRABALHO

"A flexibilidade sem conexão real vira solidão, enquanto a presença sem propósito vira obrigação."

A pandemia de COVID-19 impulsionou o *home office* do *status* de exceção para a rotina de muitas organizações. Mas esse modelo de trabalho ainda está em construção, inclusive para os mais jovens. Hoje, seis em cada dez profissionais que podem trabalhar remotamente dizem preferir um modelo híbrido, ou seja, aquele em que a pessoa trabalha alguns dias em casa e outros dias no escritório. Apenas um terço quer permanecer 100% remoto, segundo pesquisa da Gallup.

Entre os mais jovens, a flexibilidade é quase um direito adquirido, pois 74% desses profissionais da Geração Z gostariam de mais oportunidades de trabalho remoto, porém quatro em cada dez revelam sentir falta de aprender observando colegas veteranos presencialmente no escritório, segundo dados do Financial Times.

Organizações que negligenciam esse paradoxo entre o trabalho remoto e presencial colhem sinais de alerta. Pesquisa da McKinsey mostra que organizações que têm uma política de trabalho remoto sem estrutura clara perdem coesão cultural e inovam menos. Em paralelo, o Pew Research Center mostra que três em quatro pessoas já trabalham de casa ao menos parte da semana. Mas só metade da Geração Z avalia sua saúde mental como boa nesse modelo híbrido, sem uma estrutura organizada para isso, segundo o estudo *Remote Work Statistics 2025* da Pumble.

A conclusão sobre esse cenário é clara: a flexibilidade de trabalhar remotamente, sem rituais de conexão e cuidado, vira solidão, especialmente para quem está começando a carreira, como é o caso da Geração Z. Vamos ler o relato da jovem Camila (pseudônimo), de 22 anos, que sentiu na pele a solidão desse formato de trabalho.

RELATO REAL - CAMILA E O SILÊNCIO DAS TELAS

"Entrei como estagiária 100% remota em uma multinacional de tecnologia. No começo foi confortável trabalhar de casa, mas logo percebi que ninguém me notava nas reuniões *online*. Faltava alguém para puxar conversa no corredor virtual. Pedi para ir ao escritório duas vezes por semana; nessas idas recebi *feedback*, ganhei amigos e, seis meses depois, fui efetivada."

Camila, 22 anos.

Figura 14.1 Camila e o ambiente de trabalho.

A história de Camila expõe três vazios com os quais o líder deve se preocupar: a visibilidade, a mentoria espontânea e o pertencimento. Vamos explorar cada um deles a seguir.

Sobre a visibilidade, é importante compreendermos que os jovens da Geração Z associam reconhecimento à proximidade. Sem micromomentos presenciais, como um elogio no café, um convite para acompanhar uma reunião decisiva, a carreira deles parece estagnar.

A importância da mentoria espontânea reside no fato de que os modelos mentais, os atalhos de processo e a cultura não escrita circulam nos pequenos gestos do dia a dia. No formato 100% remoto, essa transmissão vira evento formal ou, simplesmente, não acontece. Por isso, a mentoria espontânea que profissionais mais experientes fornecem para esses jovens é fundamental.

As gerações mais antigas lembram de aprender vendo fazer. Já para a Geração Z, a ausência dessa experiência gera ansiedade. Muitos pensam "Será que sou parte da equipe ou um avatar descartável?". Por isso, trabalhar o senso de pertencimento é fundamental nesse formato de trabalho.

A pesquisa Gallup confirma que a sensação de isolamento é hoje o principal preditor de intenção de desligamento entre profissionais de até 27 anos. Não se trata de nostalgia do escritório, mas de algo mais humano: a necessidade de sentir que alguém se importa com eles e com sua formação enquanto profissional.

O Quadro de Ação a seguir trará *insights* valiosos para que você **reconheça os benefícios e os limites do *home office* como modelo de trabalho.**

QUADRO DE AÇÃO

- ✓ Marque 1 dia quinzenal totalmente presencial (ou 2 dias mensais) para cocriar, ensinar e celebrar. O segredo é intencionalidade: cancele chamadas triviais e foque em atividades que justificam o deslocamento, tais como: *brainstorms*, revisões de carreira, almoço em grupo.
- ✓ Associe cada jovem a um mentor experiente. Peça encontros rápidos *online* semanais (15 minutos) e um café presencial ao mês. Proponha metas enxutas, tais como: compartilhar lições da semana e planejar o próximo passo de desenvolvimento.
- ✓ Defina objetivos claros e visíveis, avalie pelo resultado e não pelas horas logadas. Ao final de cada ciclo, faça um *check-in* de saúde mental de três perguntas (energia, carga de trabalho, senso de apoio), simples, anônimo e com devolutiva. Ajuste prazos antes que o *burnout* apareça.

O *home office* ajudou na compreensão de que o trabalho é menos um lugar físico e mais uma rede de relações. Para a Geração Z, a autonomia sinaliza respeito por sua valorização do equilíbrio entre vida pessoal e profissional e a possibilidade de escolher o local de trabalho é sinal de confiança, mas a solidão que muitas vezes esse formato gera, aponta o limite dessa liberdade. E a confiança, sem laços humanos vivos, evapora. Por isso, lembre-se de que quando você combina flexibilidade com rituais de conexão, transforma um arranjo funcional em uma experiência de crescimento mútuo.

Líderes que cultivam esse equilíbrio se parecem com jardineiros de *bonsai*, pois oferecem espaço para cada ramo crescer, mas podam a distância excessiva que separa as pessoas. Fazendo isso, você cria uma equipe em que jovens talentos trabalham no local que preferem e, ainda assim, sentem-se parte de algo maior do que suas telas.

15 CONSIDERE A PRESENCIALIDADE COMO UM ELEMENTO RELATIVO

"A presença não é medida pela distância física entre as pessoas, mas pela intensidade da troca quando elas estão em contato."

Durante muito tempo, o modelo tradicional de trabalho foi baseado em um princípio rígido: estar presente é estar fisicamente no mesmo lugar. A cultura de "bater o ponto" adotada nas organizações fabris desde a Revolução Industrial, das reuniões em salas fechadas e da supervisão por proximidade ainda é dominante em muitas organizações. Mas, para as novas gerações, especialmente a Geração Z, estar presente tem mais a ver com engajamento do que com geolocalização.

Quem nunca teve a sensação de se sentir sozinho em uma mesa de jantar rodeado por pessoas que estão olhando fixamente para as telas de seus celulares? Isso acontece porque a tecnologia aproximou aqueles que estavam distantes (fisicamente), mas distanciou aqueles que estão perto (presencialmente). Nesse sentido, para as novas gerações, que já nasceram com a percepção de distância entre as pessoas encurtada por causa da Internet, a importância e a relevância da presencialidade são uma questão discutível. Muitos desses jovens constroem projetos impressionantes com pessoas do mundo inteiro sem sair do espaço físico das quatro paredes dos seus quartos.

Segundo o *Global Gen Z and Millennial Survey*, da Deloitte, 64% dos jovens da Geração Z afirmam que se sentem mais produtivos quando podem escolher como e onde trabalhar. Isso não significa que rejeitam o formato presencial de trabalho, pelo contrário. Eles valorizam estar juntos quando isso faz sentido, quando há troca genuína, quando o momento coletivo serve a um propósito. Mas se questionam: "vale a pena ir até lá para fazer o que posso entregar daqui?". Em grandes centros urbanos, em que o trânsito é intenso, ficar horas parado para chegar no local de trabalho, além de ser cansativo, para esses jovens é algo totalmente sem sentido e pouco produtivo. Vamos ver o relato de Tiago (pseudônimo) sobre essa obrigação da presença no escritório sem um sentido claro.

RELATO REAL - TIAGO E A OBRIGAÇÃO SEM SENTIDO

"Eu estava superanimado quando entrei para uma *startup* conhecida por ter uma cultura jovem e dinâmica. Só que, poucas semanas depois, anunciaram que o modelo híbrido acabaria. Teríamos que ir para o escritório todos os dias, mesmo sem reuniões marcadas ou tarefas presenciais. Começou a bater uma sensação estranha. Eu chegava lá e passava o dia de fone, respondendo *e-mails*. Não fazia sentido. Era como se a empresa me quisesse perto só para me vigiar. Me senti desrespeitado."

Tiago, 24 anos.

Figura 15.1 Tiago e a presencialidade.

A fala de Tiago revela algo importante, pois a obrigatoriedade do trabalho presencial, sem propósito claro para as novas gerações, gera frustração e desconexão. Para as gerações mais antigas, não havia disponibilidade de recursos para o trabalho em outro local que não fosse o escritório. Por isso, o questionamento não era algo comum. Há alguns anos, o computador pessoal e o acesso à Internet, entre muitas outras ferramentas essenciais para o trabalho, eram custosas e ficavam a cargo da empresa. Atualmente, é possível ter acesso a todos esses recursos no conforto de casa. Assim, para as novas gerações, parece razoável que as pessoas possam trabalhar em outros locais que não somente o escritório, uma vez que têm tudo que precisam para atingir seus resultados.

Além disso, preferirem o trabalho híbrido não tem relação com querer evitar o contato físico, trata-se de querer que ele represente algo a mais. Em tempos de digitalização, as novas gerações entendem que a presença tem valor simbólico. Ela precisa ser intencional, fazer sentido na construção coletiva, e não parecer uma imposição ultrapassada.

Em nossa experiência com organizações, ouvimos com frequência uma frase que é muito repetida pelos corredores: "Estamos juntos, mas cada um no seu mundo". Isso acontece quando as pessoas estão fisicamente no mesmo ambiente, mas estão emocionalmente distantes, cada qual com seus fones de ouvido, suas telas e suas urgências. A presença em muitos casos virou mera formalidade.

Do outro lado, vemos líderes que compreendem a relatividade da presencialidade e usam-na com sabedoria. Quando o momento exige colaboração criativa, conexão humana ou discussão mais sensível, eles convocam encontros presenciais com tempo, estrutura e espaço para trocas reais. Quando o trabalho exige foco, autonomia ou escrita densa, eles respeitam o silêncio produtivo do remoto. E como resultado dessa compreensão, têm equipes mais motivadas e com menor rotatividade.

Vamos ver o Quadro de Ação a seguir, com ações práticas para que você **considere a presencialidade como um elemento relativo.**

QUADRO DE AÇÃO

- ✓ Em vez de ditar regras fixas, crie com a equipe uma definição compartilhada de presença: quais momentos devem ser presenciais? Quando o remoto funciona melhor? Esse pacto, revisto a cada trimestre, gera pertencimento e responsabilidade coletiva.
- ✓ Substitua o discurso do "precisa estar aqui" por "vamos estar juntos quando fizer sentido". Ofereça encontros com começo, meio e fim claros, com tempo para escuta, participação e trocas informais.
- ✓ Reestruture os dias presenciais para não parecerem repetições da solidão remota. Crie momentos de convivência: cafés colaborativos, mentorias cruzadas, dinâmicas criativas. Um ambiente vivo transforma a presença em experiência.

A presencialidade, para a Geração Z, não é absoluta, é relativa. E isso não é sinal de preguiça, como alguns ainda acreditam. É sinal de uma nova consciência sobre o valor do tempo, do deslocamento e da energia emocional. Eles não enxergam valor em "estar por estar" nos lugares. Buscam estar em lugares em que encontram sentido, construção, afeto e crescimento.

Quem consegue compreender isso, não está renunciando ao valor do contato humano, mas também não o impõe como uma tradição sem reflexão. Sabe que, às vezes, a presença mais potente é a que respeita o tempo do outro, e que liderar as novas gerações é, sobretudo, entender que presença verdadeira começa pela escuta.

16 OBSERVE AS MUDANÇAS QUE VEMOS E QUE VEREMOS NO AMBIENTE DE TRABALHO

"O futuro não chega de uma vez. Ele vai se anunciando em detalhes que só os atentos percebem."

Permita-nos trazer um caso clássico e talvez conhecido para você. Se você é de uma geração mais antiga, com certeza sabe o que é a expectativa de esperar para ver uma foto tirada em uma câmera fotográfica daquelas da Kodak, por exemplo. Os mais afortunados, que tinham uma dessas máquinas, conhecem bem a ansiedade de precisar gastar todas as poses do rolo de filme para, só então, levá-lo para revelar. Era preciso aguardar horas, que pareciam eternas, para enfim descobrir que alguém saiu de olhos fechados ou vermelhos na foto do seu aniversário, ou que seu pai colocou o dedo na frente da lente e tampou metade da sua fotografia com os primos queridos. E o pior cenário de todos: o filme inteiro queimado porque alguém abriu a câmera em um ambiente com luz. Tudo se perdia para sempre!

Essa memória não é apenas nostálgica, ela simboliza uma diferença fundamental entre gerações: o modo como vivemos e percebemos o tempo e a transformação. No passado, as mudanças vinham em ciclos mais longos e tínhamos mais paciência para esperar. Hoje, o novo se apresenta em tempo real, se ajusta em movimento e desafia estruturas antes tidas como definitivas. E é no ambiente de trabalho que essa transição se torna mais visível.

Entrar em uma sala de trabalho hoje é bem diferente de 10 anos atrás. E será ainda mais diferente daqui a 10 anos. As mudanças no ambiente profissional não acontecem como uma virada de chave. Elas se insinuam em silêncios, atitudes, formatos de reunião, modos de se vestir e até no modo como os *e-mails* começam e terminam. O ambiente de trabalho está mudando e quem lidera precisa aprender a ver antes que o novo vire uma urgência.

Segundo o relatório *The State of Organizations da McKinsey*, os ambientes de trabalho estão sendo pressionados por cinco forças simultâneas. São elas: (i) avanço tecnológico; (ii) novas expectativas geracionais; (iii) aumento da diversidade; (iv) demandas por sustentabilidade; e (v) transformação organizacional acelerada. Isso exige uma nova lógica de gestão com menos controle, mais confiança, menos rigidez e mais adaptabilidade.

Os escritórios do passado foram pensados para hierarquias e previsibilidade. Já os espaços do futuro, e muitos do presente, precisam favorecer a colaboração espontânea, diversidade de ritmos e bem-estar emocional para todos, não apenas para as novas gerações. A Deloitte reforça: a nova geração deseja ambientes que respeitem sua saúde mental, estimulem a criatividade e valorizem o propósito coletivo. Vamos ver o relato real da jovem Naiara (pseudônimo) sobre como ela enxerga o escritório em que trabalha.

RELATO REAL - NAIARA E A ILHA DOS QUADROS BRANCOS

"Eu estava no meu primeiro emprego como *designer*. A empresa tinha uma sala aberta, toda modular, com pufes coloridos e paredes de vidro. Mas ninguém usava aquilo. Os líderes continuavam trancados nas salas fechadas. A equipe trocava mensagens pelo *chat*, mesmo sentada lado a lado. Se alguém usasse os espaços criativos, diziam que estava 'à toa'. Um dia, sugeri que a gente fizesse uma reunião de ideias para um novo projeto em pé, com *post-its*. Virou piada."

Naiara, 23 anos, *designer* júnior.

Figura 16.1 Naiara e os espaços organizacionais.

O relato de Naiara é um alerta para muitos gestores que querem trabalhar com as novas gerações. Muitas empresas mudam o ambiente físico, mas não o ambiente simbólico. Renovam móveis, mas mantêm as mentalidades antigas. Investem em *layout*, mas seguem punindo quem ousa trabalhar de outro jeito. O resultado é um cenário bonito e vazio, em que o novo é decorativo, mas não funcional.

As mudanças reais que vemos no ambiente de trabalho não estão apenas no mobiliário que ocupa os espaços, mas no modo como as decisões são tomadas, na abertura à escuta ativa, no incentivo à experimentação e na liberdade para sugerir, errar, testar. As salas mais modernas não são as que têm vidro, um *design* escandinavo ou recursos tecnológicos modernos, mas as que acolhem a divergência e aprendem com o inesperado.

Para o futuro, veremos ambientes ainda mais fluidos, híbridos, dinâmicos e cada vez mais multigeracionais. Equipes com cinco décadas de diferença entre seus membros serão comuns. A Inteligência Artificial estará integrada ao cotidiano, o que não diminuirá a importância de aspectos humanos, como a empatia, a conversa e a confiança. Espaços serão menos sobre controle e mais sobre encontros. Menos sobre supervisão e mais sobre colaboração.

No Quadro de Ação a seguir, trazemos boas práticas para que você **observe as mudanças que vemos e que veremos no ambiente de trabalho**.

QUADRO DE AÇÃO

- ✓ Observe o ambiente como se estivesse vendo-o pela primeira vez. O que revela o modo como sua equipe trabalha? O que foi pensado para inovar e está sendo ignorado? Muitas vezes, há sinais silenciosos de estagnação e de potência.
- ✓ Sempre que mudar algo estrutural (*layout*, dinâmica, fluxos), discuta o porquê com a equipe. Convide todos a criarem juntos novos sentidos para o ambiente coletivo. Um ambiente é relevante e contributivo quando é lido, sentido e usado de maneira viva.
- ✓ Toda vez que alguém quiser fazer diferente, comece dizendo "sim". Nem sempre vai funcionar e tudo bem. Criar uma cultura em que novas ideias são acolhidas é mais poderoso do que ter uma sala bonita com uma política rígida que impede ou pene o novo.

O ambiente de trabalho é mais do que um espaço funcional, ele é um espelho da cultura organizacional. Em toda cultura, existem elementos visíveis, como o *layout* do escritório, os códigos de vestimenta, os *slogans* nas paredes e os artefatos tecnológicos. Mas também existem os invisíveis, como os valores que orientam as decisões, os comportamentos esperados (mesmo que não ditos) e as crenças compartilhadas sobre sucesso, erro, liderança e pertencimento, entre outros.

O espaço físico é, portanto, um dos principais símbolos visíveis da cultura organizacional. Ele comunica, sem palavras, como as coisas funcionam ali. Um ambiente engessado diz mais sobre controle do que mil discursos sobre inovação. Uma sala de reuniões em que só os líderes falam revela mais sobre hierarquia do que qualquer manual de boas práticas. Por isso, mudar o ambiente sem mudar o olhar, e sem mudar os pactos invisíveis que sustentam aquele espaço, é apenas maquiagem.

A Geração Z, com sua leitura sensível e rápida dos contextos, percebe imediatamente quando há desalinho entre o que se prega e o que se pratica. Eles percebem com mais perspicácia quando o colorido do escritório é um disfarce para uma cultura opressiva e reconhecem quando o espaço, mesmo simples, é um convite à liberdade, à escuta e à colaboração genuína.

Por isso, liderar as transformações no ambiente de trabalho não é apenas uma questão estética ou operacional. É um exercício profundo de coerência cultural. É alinhar o que se vê com o que se vive. É garantir que os espaços estimulem a convivência, a criatividade e a segurança psicológica. E que as pessoas, ao ocuparem esses espaços, sintam que ali podem existir de maneira autêntica.

As grandes mudanças organizacionais não começam com obras físicas, mas com reformas simbólicas. E, às vezes, a transformação mais potente está justamente em autorizar o novo, no discurso, na prática e, principalmente, na escuta. Porque, no fim das contas, o futuro do trabalho se constrói com espaço físico e simbólico para o que ainda não conhecemos, mas já intuímos que precisa mudar.

17 APROVEITE A TECNOLOGIA COMO ALIADA DO AMBIENTE DAS NOVAS GERAÇÕES

"Não é a tecnologia que humaniza o trabalho. Somos nós que, ao usá-la com propósito, o tornamos mais humano."

Imagine um líder que acreditava que *e-mails* eram mais que suficientes para a comunicação com sua equipe. Enviar uma mensagem de bom dia no *chat* da empresa? Supérfluo. Usar uma plataforma de mensagens rápidas para decisões ágeis? Desnecessário. Para ele, tecnologia era uma ferramenta fria e operacional. Mas para sua equipe, formada por pessoas mais jovem, aquilo era um idioma nativo. Um modo de viver o trabalho em tempo real, com trocas dinâmicas, *feedbacks* rápidos e um senso de pertencimento que não cabia em reuniões mensais nem em comunicados disponibilizados na intranet da organização.

É aqui que reside uma das maiores diferenças entre gerações: enquanto líderes mais antigos ainda veem a tecnologia como suporte para as atividades do dia a dia, a Geração Z a vive como uma extensão da própria identidade. Esses jovens são nativos digitais, ou seja, nasceram e cresceram conectados. Para eles, não existe distinção rígida entre o que acontece no ambiente físico e no ambiente virtual. Para eles, *estar online* é estar no mundo.

A pesquisa *The State of Organizations*, da McKinsey, reforça que entre os fatores que mais influenciam a atração e a retenção da Geração Z estão a agilidade tecnológica e a fluidez digital do ambiente de trabalho. Ambientes com ferramentas desatualizadas, processos lentos ou comunicação truncada tendem a afastar talentos jovens. Em contrapartida, lugares que adotam tecnologias intuitivas, canais abertos e recursos que facilitam o aprendizado contínuo têm maiores índices de engajamento.

No entanto, tudo depende do modo como a liderança lida com a tecnologia. Ferramentas digitais, por si só, não garantem conexão nem engajamento. A diferença está em como as pessoas a utilizam. Quando são usadas com rigidez e controle, tornam-se vigilância; porém, usadas com liberdade e criatividade, tornam-se pertencimento. Líderes que se dispõem a aprender a linguagem das novas gerações, mesmo que inicialmente com desconforto, constroem pontes onde antes havia muros. Vejamos o relato real de Gabriel, que apresenta uma boa prática adotada pelo seu líder.

RELATO REAL - GABRIEL E A REUNIÃO QUE VIROU *PLAYLIST*

"Trabalho em uma agência de comunicação. Um dia, nosso coordenador, que tem uns 50 e poucos anos, disse que achava as reuniões de alinhamento um pouco cansativas. Alguém brincou: 'vamos fazer um *podcast* interno?'. Ele riu. Mas, 2 dias depois, voltou com uma proposta: gravar áudios curtos de até 3 minutos com resumos semanais e mandar para todos em um grupo fechado. O negócio virou febre. Todo mundo ouvia no caminho para o trabalho. A gente começou a responder com reações de *emoji*, comentários rápidos. Até uma trilha sonora virou tradição."

Gabriel, 26 anos.

Figura 17.1 Gabriel e os *podcasts*.

O exemplo de Gabriel é simples, mas muito poderoso. Quando a tecnologia é usada para facilitar a vida, não para burocratizá-la, ela cria vínculos entre as diferentes gerações. Ferramentas não conectam pessoas, o que conecta é a forma como essas ferramentas são usadas. Quando o uso é leve, inclusivo e aberto à colaboração, o ambiente digital vira ponte, não barreira.

A filósofa Simone de Beauvoir, ao refletir sobre a liberdade e a ação humana, dizia que toda liberdade só se realiza quando se inscreve no mundo, isto é, quando cria, quando se expressa, quando transforma. Para as novas gerações, a tecnologia é o meio pelo qual essa expressão se inscreve no mundo. Criam *slides* como quem escreve poesia visual. Gravam *stories* para defender ideias. Discutem ética em fóruns *online*. Programam, editam, narram e compartilham, não por vaidade ou para alimentar o ego, mas porque esse é seu modo de linguagem, de expressão.

Líderes atentos compreendem que a tecnologia não é um mero acessório, é o cenário completo. Ignorá-la é negar à nova geração a possibilidade de agir com autenticidade, na linguagem que é natural para eles. Controlá-la em excesso é calar uma maneira legítima de expressão das novas gerações.

No Quadro de Ação a seguir, trazemos ações práticas para que você **aproveite a tecnologia como aliada do ambiente das novas gerações.**

QUADRO DE AÇÃO

- ✓ Adote plataformas que estimulem a troca horizontal. Ferramentas como Slack, Discord, Notion ou Google Spaces não são apenas "modismos" das novas gerações. Elas criam canais não hierárquicos, em que as ideias circulam com mais liberdade e os jovens se sentem à vontade para contribuir. O segredo está no uso: evite excesso de controle ou microgestão digital desnecessária.
- ✓ Transforme comunicação em experiência. Explore formatos como vídeos curtos, *podcasts* internos, *newsletters* criativas e quadros interativos em reuniões virtuais. Incorporar linguagem visual e áudio aproxima os estilos de comunicação da Geração Z e reforça o senso de comunidade.
- ✓ Use tecnologia para aprendizagem contínua e personalizada. Dados da *Harvard Business Review* indicam que módulos curtos e digitais aumentam a retenção do conhecimento em até 80%. Ofereça plataformas adaptáveis, com trilhas que respeitem o ritmo e os interesses de cada pessoa. O investimento em tecnologia educativa comunica valorização e respeito pelo desenvolvimento individual.

Para a Geração Z, a tecnologia não é um meio secundário, tampouco uma distração, ela constitui a própria arquitetura das relações no trabalho. Plataformas digitais, áudios, vídeos, *emojis* e interfaces colaborativas não são apenas recursos modernos, são formas legítimas de presença, escuta e expressão. Quando um ambiente de trabalho falha em reconhecer essa dimensão, ele não está apenas desatualizado tecnologicamente, está culturalmente obsoleto.

Mais do que aderir a ferramentas que estão na moda, o desafio está em fomentar uma cultura de tecnologia com intenção, ou seja, não basta permitir o uso de plataformas digitais, é preciso mostrar, por meio da liderança, que essas tecnologias são validadas como canais de participação, criatividade, conexão e aprendizado. Em uma cultura organizacional realmente aberta à inovação, a tecnologia não é apenas tolerada, ela é celebrada como elemento vivo do trabalho coletivo por todos.

Além disso, quando bem utilizada, a tecnologia fortalece valores humanos que são essenciais para qualquer geração, como respeito ao tempo do outro, clareza na comunicação, autonomia com responsabilidade e aprendizagem contínua. Ao contrário do que muitos pensam, a tecnologia não substitui a presença humana, ela a amplia. Não diminui o valor da escuta, ela o potencializa. O que afasta as pessoas não são as tecnologias e ferramentas digitais, mas a falta de propósito no seu uso.

Liderar as novas gerações, portanto, não significa dominar todas as ferramentas, mas sim demonstrar abertura para aprender, experimentar e se adaptar. Significa sair do lugar do controle absoluto e entrar no terreno do diálogo contínuo, em que os jovens não são apenas usuários da tecnologia, mas cocriadores de ambientes de trabalho mais vivos, mais ágeis e mais conectados com o mundo que já chegou.

Porque, no fim das contas, a verdadeira transformação digital não é sobre velocidade de rede, mas sobre qualidade de relação. É sobre como usamos o digital para tornar o trabalho mais significativo e a liderança mais humana.

18 ADAPTE-SE À INTELIGÊNCIA ARTIFICIAL COMO MUDANÇA AMBIENTAL

"A Inteligência Artificial não está chegando – ela já está moldando o ar que respiramos no trabalho."

Durante muito tempo, tratamos a tecnologia como uma ferramenta externa, algo que operávamos à parte da nossa inteligência, criatividade ou sensibilidade. Apertávamos botões, clicávamos em sistemas, preenchíamos planilhas. O digital era o meio e o humano, o fim. Contudo, a Inteligência Artificial (IA) mudou essa lógica. Ela não é apenas um instrumento técnico, tem se tornado um fator de ambiente. Como a temperatura, a acústica ou a arquitetura de um espaço, a IA influencia silenciosamente as condições sob as quais se pensa, decide, cria e convive.

Mais do que isso, a IA altera o ritmo e a gramática do ambiente de trabalho. Ela acelera ciclos, antecipa padrões, automatiza escolhas. E com isso, ela desafia não apenas as funções, mas as mentalidades. Profissionais de gerações mais antigas podem enxergar esses avanços com cautela, às vezes como uma ameaça, às vezes como uma moda passageira. Entretanto, para a Geração Z, a IA é quase um tecido invisível que já recobre boa parte da realidade do que ela conhece. Os jovens das novas gerações cresceram com algoritmos que recomendam o que ouvir, ver, aprender e até com quem conversar.

Dados de um estudo publicado na *Harvard Business Review* revelam que os jovens profissionais são mais propensos a confiar na IA quando ela é usada com transparência, colaboração e ética. Não basta adotar ferramentas inteligentes: é preciso posicioná-las dentro de uma cultura organizacional que valorize o discernimento, a explicação e a autonomia humana. Afinal, a Geração Z não quer ser apenas assistida pela IA, ela quer aprender com ela, interagir com ela, tomar decisões ao lado dela.

É por isso que liderar em ambientes em que a IA já está presente exige mais escuta do que domínio técnico. A função do líder não é entender de algoritmos, mas entender de gente, gente que trabalha sob novas condições cognitivas, emocionais e criativas. Gente que precisa de direção sem rigidez, e de liberdade sem abandono. A IA pode processar dados com precisão absurda, mas só a liderança humana pode criar os contextos nos quais esses dados se transformam em decisões com propósito.

O relato real a seguir de Mariana (pseudônimo), uma profissional da Geração Y, que teve receio de incorporar o uso de IA em seu dia a dia, mas depois percebeu como torná-la uma aliada em seu trabalho.

RELATO REAL - MARIANA, O *DESIGN* E A INTELIGÊNCIA ARTIFICIAL

"Trabalho com criação visual. Um dia, minha coordenadora comentou que a empresa estava testando uma IA para gerar *layouts* iniciais com base nos *briefings* dos clientes. Confesso que travei. Pensei: 'vou ser substituída'. Mas ela nos chamou para uma conversa e disse algo que nunca esqueci: 'essa ferramenta não vai pensar por vocês, vai economizar o tempo que vocês perdem com a folha em branco'. A gente testou. E era isso mesmo. A IA sugere, a gente escolhe, ajusta, personaliza. Hoje, começo os projetos com mais ideias e menos medo."

Mariana, 37 anos.

Figura 18.1 Mariana e a tecnologia.

O caso de Mariana mostra o que a IA pode ser quando usada com intenção, não um atalho, mas um ponto de partida. O impacto da IA depende menos da ferramenta e mais da mentalidade de quem a implementa.

A filósofa Hannah Arendt, ao escrever sobre o pensamento, dizia que a capacidade de julgar é o que nos torna humanos. Não basta conhecer o que é certo ou errado, é preciso refletir, pesar, interpretar. A IA pode reunir dados, identificar padrões, sugerir caminhos. Mas ela não julga com consciência moral, nem com sensibilidade histórica ou empática.

Por isso, liderar em tempos de IA não é renunciar à ação humana, é ampliá-la. É ajudar a nova geração a desenvolver não apenas habilidades técnicas, mas pensamento crítico, ética, curiosidade e discernimento. Porque a IA faz muitas coisas, mas quem decide o que fazer com isso somos nós. Assim, nossa recomendação é que você **adapte-se à IA como mudança ambiental.**

QUADRO DE AÇÃO

✓ Use a IA para libertar tempo, não para vigiar processos. Automatize tarefas repetitivas e operacionais, mas preserve os momentos de escuta, análise e decisão humana. Mostre à equipe que a IA está ali para servir ao trabalho.

✓ Construa diretrizes éticas junto ao time. Reúna diferentes gerações para discutir: o que pode ser automatizado? O que precisa de toque humano? Essa escuta ativa reforça o protagonismo coletivo e reduz o medo da substituição.

✓ Promova o pensamento crítico como diferencial competitivo. Crie espaços para debates reais sobre IA: dilemas éticos, uso responsável, impacto social. Estimule a leitura, o diálogo, a pluralidade de pontos de vista. A tecnologia muda rápido, mas o discernimento se constrói no tempo da reflexão.

A IA é, hoje, um elemento silencioso do ambiente de trabalho. Ela opera nos bastidores, organizando dados, sugerindo conteúdos, automatizando escolhas, corrigindo padrões. A maior parte de suas ações acontece sem que percebamos, o que a torna ainda mais poderosa. Ignorar essa presença é como tentar respirar sem reconhecer que o ar mudou, você continua vivendo, mas está em outro clima.

Em um mundo em que os sistemas aprendem e se ajustam continuamente, a responsabilidade de quem lidera é dupla: garantir que a IA seja bem utilizada e que o humano não seja esquecido. Isso implica mais do que saber usar ferramentas ou adotar novas plataformas. Implica criar espaços em que a presença da IA estimule o pensamento crítico, não o adormeça. Em que a eficiência técnica amplie o tempo para relações humanas, e não o elimine.

Embora a Geração Z esteja mais habituada à fluidez digital, isso não significa que está mais preparada para usar a IA com profundidade. Pelo contrário, muitas vezes, a familiaridade excessiva com a velocidade tecnológica pode vir acompanhada de pouca reflexão sobre as implicações éticas, filosóficas e estratégicas de cada escolha. É aqui que a experiência das gerações mais antigas se torna um ativo valioso.

Profissionais com mais tempo de estrada têm algo que os jovens ainda estão formando: repertório prático e sensibilidade para reconhecer nuances. Ao terem vivido diferentes contextos, liderado mudanças e enfrentado dilemas complexos, conseguem avaliar com mais clareza o que é útil, o que é ruído, o que precisa de prudência. Em outras palavras, podem usar a IA com mais discernimento, não apenas com agilidade, mas com profundidade.

Isso vale para os pensadores e filósofos. Simone Weil dizia que o pensamento começa com a atenção. E Hannah Arendt, como já citamos, lembrava que julgar é um ato humano essencial. A IA pode sugerir caminhos, mas só quem carrega experiência, leitura, contexto e valores pode fazer as perguntas certas. E toda inteligência, seja artificial ou humana, depende de boas perguntas para produzir sentido.

A cultura organizacional precisa, mais do que nunca, ser um espaço de consciência sobre o uso da tecnologia. Isso significa assumir a IA como parte do cenário, mas não como protagonista absoluta. A verdadeira maturidade digital não está em automatizar tudo, mas em saber o que deve e o que não deve ser automatizado.

Liderar nesse contexto não exige ser um *expert* em algoritmos. Exige sensibilidade para traduzir dados em decisões com propósito, para equilibrar previsibilidade com criatividade, e para manter a centralidade do humano mesmo em um ambiente cada vez mais técnico. A IA pode oferecer respostas rápidas, mas apenas o ser humano é capaz de formular as perguntas que importam.

Porque, no fim das contas, a IA pode sugerir o caminho mais curto, mas cabe à liderança humana escolher o caminho mais justo. E essa escolha só é possível quando se compreende que o futuro do trabalho não será definido por máquinas que pensam, mas por pessoas de todas as gerações que continuam dispostas a pensar com profundidade sobre o que fazem e por que fazem.

19

GESTIONE O TEMPO COMO ESTRATÉGIA FUNDAMENTAL

"Não podemos mudar o fato de que nosso dia terá sempre as mesmas 24 horas. Não conseguirmos manter o nível máximo de produtividade todos os dias. É justamente pela impossibilidade de 'guardarmos o tempo em uma gaveta para usá-lo depois' e pela inconstância das pessoas em seu uso, que esse assunto é tão estratégico para líderes de sucesso."

Certa vez uma sábia professora afirmou em sala de aula: vocês precisam entender que o dia tem as mesmas 24 horas para todos, seja você um executivo, o presidente da República ou o Papa. O que muda é o que cada um faz com esse tempo que lhe é dado.

Essa afirmação conta o óbvio. Entretanto, o óbvio precisa ser dito. Às vezes, devemos ser "amigos do óbvio". Mas, por qual razão? Pelo simples fato de que poucas pessoas usam muito bem o tempo que têm e muitas pessoas usam muito mal o tempo que têm.

Sêneca, grande pensador expoente da linha filosófica do Estoicismo, afirmou o seguinte em carta para Paulino: "não recebemos um tempo muito curto, porém, desperdiçamos a maior parte dele. A vida é longa o bastante para realizar os projetos mais importantes; recebemos uma porção generosa, se a ordenamos da maneira certa".

A reflexão de Sêneca nos leva a fugir do senso comum que, por vezes, culpa o suposto tempo curto para não conseguir entregar as tarefas. Devemos admitir que, em geral, a discussão é menos sobre o tempo em si e mais sobre prioridades, energia, competência e foco (no Capítulo 20 falaremos especificamente sobre foco).

Ao pensarmos nesses ingredientes, podemos conduzir melhor o tempo de nossas vidas, e inspirar melhor as novas gerações. Parte dessa inspiração vem do discernimento de termos clareza sobre quando acelerar e sobre quando desacelerar. Isso tem tudo a ver com a gestão do tempo, que não está restrita à limitante ideia de entregar tudo o mais rápido possível.

Não é fácil sabermos o que alguns chamariam de tempo certo das coisas (outros até chamam de "tempo de Deus"), ainda mais diante de um contexto de vida em que gerenciamos de fato somente uma parcela de nossas ocorrências diárias. A outra fica por conta de fatores sobre os quais temos pouco ou nenhum controle. Preferimos ficar com a boa notícia de que há uma porção de atividades que, em geral, estão sob nossa gestão. Sobre essas, precisamos saber o ritmo (ou *timing*, em inglês) mais adequado.

Nelson Mandela (1918-2013), icônico líder político que presidiu a África do Sul entre 1994 e 1999, passou longos 27 anos na prisão antes de ser o primeiro presidente negro do país e o primeiro eleito democraticamente por sufrágio universal, após o fim do regime do *Apartheid*. Mandela assumiu o país aos 75 anos.

Como essa história dialoga com nosso livro? Em seu livro intitulado *Os caminhos de Mandela: lições de vida, amor e coragem* (título original: *Mandela's Way: Lessons on Life, Love, and Courage*, 2009), Richard Stengel compartilha 15 lições fundamentais aprendidas ao longo de sua convivência com Nelson Mandela, revelando aspectos profundos da liderança, da coragem moral e da construção da dignidade humana, tal como praticadas por um dos maiores ícones do século XX. Uma dessas lições é a de que certas vezes a vida se apresenta como "um jogo demorado".

O autor destaca que "quando jovem Mandela era impaciente: queria a mudança para ontem. A prisão o ensinou a ir mais devagar e reforçou seu sentimento de que a pressa com frequência leva ao erro e ao mau julgamento. Muitos de nós estamos acostumados ao oposto. Porque nossa cultura recompensa a velocidade, vemos a impaciência como uma virtude". Isso nos remete ao relato de Pedro (pseudônimo), estagiário de Engenharia e estudante universitário.

RELATO REAL – PEDRO E A SUPOSTA FALTA DE TEMPO

"Eu sei que meu tempo é limitado, mas, na prática, parece que ele simplesmente escapa das minhas mãos. Tenho aula de manhã, estágio à tarde, e à noite tento estudar, responder mensagens, ver alguma série..., mas no fim acabo pulando de uma coisa para outra, sem foco. Sempre sinto que estou atrasado, que não estou dando conta como deveria. Me pego enrolando nas mídias sociais, perdendo tempo com coisas que nem importam tanto, e depois fico me culpando. A verdade é que eu não sei muito bem por onde começar quando tudo parece urgente. Me falta um método, um jeito de organizar o que importa de verdade. E o mais difícil é que eu não consigo pedir ajuda – parece que todo mundo já deveria saber lidar com isso."

Pedro, 22 anos, estagiário de Engenharia e estudante universitário.

Figura 19.1 Pedro e o tempo.

Se na juventude de Mandela ele se demonstrava como alguém impaciente, o que podemos dizer de parte da Geração Z nos dias de hoje? Há, como no caso de Pedro, quatro grandes características que marcam a relação de nossos jovens com o tempo:

1. **Sensação constante de urgência**: crescer em um mundo hiperconectado e acelerado fez com que muitos jovens da Geração Z sentissem que estão sempre atrasados ou pressionados a produzir mais em menos tempo.
2. **Busca por imediatismo e resultados rápidos**: influenciados pela lógica das redes sociais e da cultura do "agora", tendem a esperar retornos imediatos, o que gera frustração quando os processos exigem paciência e consistência.
3. **Culpa pela improdutividade**: sentem-se culpados ao descansar ou "não produzir", confundindo pausas necessárias com perda de tempo.
4. **Desorganização por falta de ferramentas ou orientação**: apesar de serem nativos digitais, nem todos sabem aplicar ferramentas de gestão do tempo de maneira estruturada. Falta, muitas vezes, apoio para transformar tecnologia em produtividade real.

Enxergar o tempo a partir de uma ótica distorcida – marcada pela sensação constante de urgência, pela busca por resultados imediatos, pela culpa ao descansar e pela desorganização gerada pela falta de orientação – tem se mostrado um risco real para a Geração Z.

Essa combinação cria um ciclo de ansiedade e frustração, no qual o jovem se sente pressionado a produzir sempre, cobra de si respostas rápidas e se culpa quando não consegue manter um ritmo irreal. A ausência de ferramentas adequadas e de apoio para estruturar o uso do tempo aprofunda esse problema, transformando a rotina em um emaranhado de tarefas mal definidas e expectativas inalcançáveis. Sem a devida intervenção, esse cenário pode comprometer não apenas a produtividade, mas também a saúde mental, a autoconfiança e o desenvolvimento profissional de toda uma geração. Por essa razão, recomendamos ao leitor que **gestione o tempo como estratégia fundamental** de sua liderança, por meio das práticas elencadas no Quadro de Ação a seguir.

QUADRO DE AÇÃO

- ✓ Ensine a priorizar e contextualize expectativas. Muitos jovens ainda não desenvolveram plenamente o discernimento sobre o que deve ser feito agora, o que pode esperar e o que pode ser descartado. Líderes podem atuar como mentores nesse processo, ensinando a separar o que é urgente do que é importante e ajudando a construir uma visão de médio e longo prazos. Oferecer clareza sobre prazos, objetivos e expectativas reduz a ansiedade e permite que o jovem aprenda a trabalhar com foco e estratégia.
- ✓ Reforce que pausas fazem parte da produtividade. Líderes devem dar o exemplo ao incorporar pausas em suas rotinas e valorizar o descanso como parte da *performance* sustentável. Em vez de glorificar jornadas exaustivas, é preciso mostrar que produtividade exige energia e saúde mental. Incentivar o equilíbrio entre ação e pausa ajuda os jovens a entenderem que o tempo de recuperação é tão estratégico quanto o tempo de execução.
- ✓ Ofereça ferramentas e orientação para organizar o tempo. Apesar de dominarem a tecnologia, muitos jovens não sabem como utilizá-la a favor da gestão. Os líderes podem apresentar metodologias (como a matriz de Eisenhower, técnicas de pomodoro, planejamento semanal) e indicar ferramentas digitais (como calendários compartilhados e aplicativos de foco) para facilitar a organização. Mais do que repassar ferramentas, é essencial acompanhá-los no uso, até que essas estratégias se tornem parte do cotidiano.

Gestão do tempo não é apenas uma habilidade técnica - é uma competência estratégica que impacta diretamente o desempenho, o bem-estar e o crescimento de profissionais, especialmente dos mais jovens. Para os líderes, acompanhar a Geração Z nesse processo pode ser desafiador. Exige paciência, escuta ativa e disposição para orientar, mesmo quando o ritmo dos jovens parecer caótico ou desconectado da lógica tradicional. Contudo, é justamente nesse acompanhamento que reside a oportunidade de formar profissionais mais conscientes, equilibrados e preparados para lidar com as complexidades do mundo contemporâneo.

Vale a pena, porque quando líderes se dedicam a desenvolver a inteligência temporal de suas equipes, colhem resultados que vão além da produtividade: constroem relações de confiança, promovem saúde mental, fortalecem a autonomia e criam ambientes mais humanos e sustentáveis. Ensinar os jovens a gerir o tempo é, acima de tudo, um ato de liderança responsável – e uma maneira poderosa de preparar a próxima geração para atuar com propósito, consistência e clareza no presente e no futuro.

20 ENFRENTE A ERA DA FALTA DE FOCO E SEU IMPACTO NAS NOVAS GERAÇÕES

"Se tem algo que podemos afirmar com tranquilidade sobre os dias de hoje é o seguinte: vivemos a Era da falta de foco. Este é um dos fenômenos mais urgentes a serem tratados pelos líderes, e infelizmente o impacto parece ser ainda maior nas novas gerações."

O tema deste capítulo está diretamente relacionado à gestão do tempo, apesar de não ser seu sinônimo. Está relacionado porque é, obviamente, impossível gerirmos bem o tempo sem que tenhamos foco em nossos objetivos e metas. E não é sinônimo porque o conceito de gestão do tempo é mais amplo, isto é, não basta termos foco para que a gestão do tempo seja boa, posto que há outros elementos fundamentais, por exemplo, conhecimentos e habilidades.

Vamos aqui nos restringir ao foco. Demonstramos foco quando temos a capacidade de direcionar nossa atenção e energia para uma tarefa específica ou para um conjunto de tarefas, objetivos ou prioridades, **evitando distrações**.

Com base nesse conceito fica fácil de se perceber por que vivemos a Era da falta de foco. Em síntese, nunca tivemos tantas distrações, tais como: notificações constantes no celular, *scroll* infinito de mídias sociais, excesso de informação digital, multitarefas digitais, entre muitas outras não mencionadas aqui e que também passaram a se intensificar em nosso cotidiano nas décadas recentes.

E o que a Geração Z tem com isso? Bem, não podemos esquecer que estamos falando da primeira geração nativa digital! Isso significa que todos esses estímulos estão presentes na vida da Geração Z "desde sempre".

A Geração Z cresceu imersa nesse ambiente digital hiperconectado, o que a torna mais exposta – e, muitas vezes, mais vulnerável – a distrações constantes. Ao mesmo tempo, isso desenvolveu nela uma habilidade maior de lidar com múltiplas fontes de informação, mas também gerou desafios como dificuldade de concentração prolongada, ansiedade e necessidade de gratificação imediata.

RELATO REAL – MARINA E A BATALHA CONTRA A DISTRAÇÃO

"Organizar minha agenda até que eu consigo. Tenho um *planner*, uso aplicativos de tarefas, faço listas. Mas o problema é conseguir manter a atenção no que me propus a fazer. Eu começo a estudar e, de repente, percebo que estou pensando em mil outras coisas ou pegando o celular para checar uma notificação que nem era importante. O tempo está ali, reservado. O que falta é foco. É como se minha mente pulasse de um assunto para o outro o tempo todo, sem conseguir se fixar. No fim do dia, sobra frustração."

Marina, 21 anos, estudante de Arquitetura.

Figura 20.1 Marina e a falta de foco.

Os impactos da Era da falta de foco sobre os jovens da Geração Z são profundos e múltiplos, afetando diretamente sua saúde mental, seu desempenho acadêmico e profissional, além de sua capacidade de tomar decisões com clareza.

A exposição constante a estímulos digitais intensificou a dificuldade de manter a atenção em tarefas únicas por longos períodos, o que compromete a qualidade do aprendizado, o cumprimento de prazos e a capacidade de aprofundamento em atividades complexas. A fragmentação do foco também os torna mais propensos à procrastinação e à sensação de improdutividade, mesmo quando passam o dia "ocupados".

Outro impacto importante é o aumento da ansiedade e da frustração. A cultura da gratificação imediata – impulsionada pelas redes sociais e pelo consumo acelerado de informação – faz com que muitos jovens tenham dificuldades em lidar com processos mais lentos, que exigem paciência, persistência e foco sustentado. Isso afeta desde a construção de projetos de médio e longo prazos até relações interpessoais e planejamento de carreira.

Em um mundo no qual tudo parece urgente, o foco virou um diferencial raro – e, para essa geração, recuperá-lo exige apoio, método e, sobretudo, um novo pacto com o tempo. Por essa razão, recomendamos que você **enfrente a Era da falta de foco e seu impacto nas novas gerações**. Preferimos sugerir aqui o "básico bem-feito"; neste caso, o diagrama de Eisenhower,[1] também conhecido como Matriz Urgente-Importante.

É simples, intuitivo e ajuda as pessoas a distinguirem o que realmente merece atenção imediata. Pode ser preenchido manualmente ou digitalmente, e funciona muito bem em mentorias, treinamentos ou como exercício individual.

QUADRO DE AÇÃO

✓ Aplique, com seu time ou com as pessoas com as quais se relaciona, a matriz de Eisenhower.

Figura 20.2 Matriz de Eisenhower.

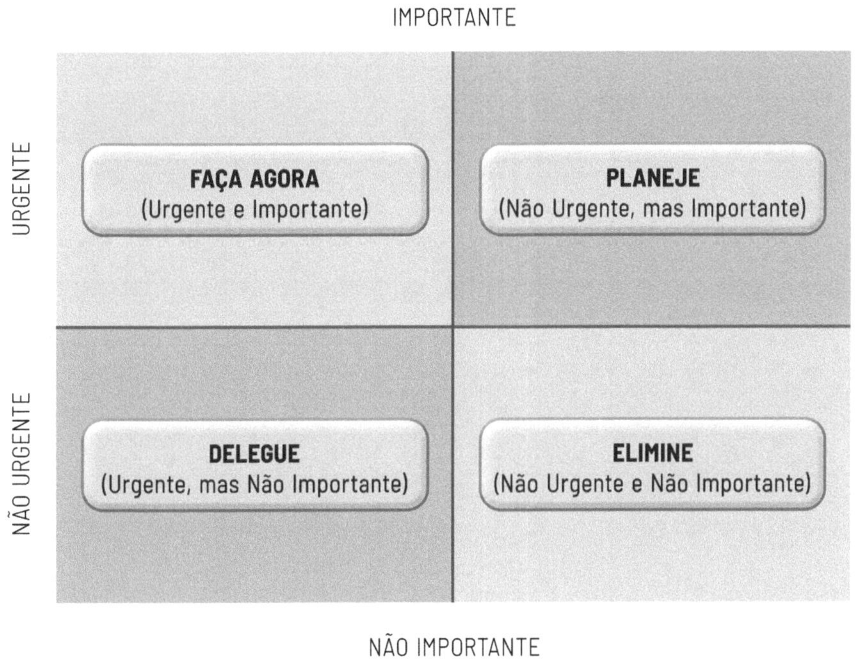

1 Dwight D. Eisenhower (1890-1969) foi presidente dos Estados Unidos no período de 1953-1961. Além disso, foi General de cinco estrelas do Exército dos EUA e Comandante Supremo das Forças Aliadas na Europa durante a Segunda Guerra Mundial. Ele é conhecido não só por sua atuação militar e política, mas também por seu estilo de liderança prático e orientado à priorização.

A ideia central dessa ferramenta é a de que o usuário preencha cada quadrante com suas tarefas e compromissos para entender melhor o que deve ser feito com prioridade, o que pode ser planejado, delegado ou eliminado.

Esse tipo de prática ajuda as pessoas a desenvolverem uma visão mais estratégica sobre como investem seu tempo e energia. Ao classificar e refletir sobre suas atividades com intencionalidade, é possível reduzir a sensação de sobrecarga e agir com mais foco e clareza. Em vez de responder a tudo com urgência, o indivíduo passa a tomar decisões com base em prioridades reais, ganhando mais controle sobre a rotina. Com o tempo, isso promove maior equilíbrio, produtividade e bem-estar, além de fortalecer a autonomia na gestão das próprias escolhas.

21 AVALIE OS BENEFÍCIOS E OS LIMITES DOS PROFISSIONAIS MULTITAREFAS

"Em certas ocasiões, profissionais multitarefas se assemelham a um espelho espedaçado no chão – cada fragmento partido representa uma atividade desperdiçada. Cuidado com o mito da genialidade dos que tentam fazer tudo ao mesmo tempo."

Os Capítulos 19 (sobre gestão do tempo) e 20 (sobre foco) têm relação direta entre si e com a temática dos profissionais multitarefas. Entre diversas relações possíveis, podemos destacar dois cenários para fins didáticos:

1. No primeiro cenário podemos ter o caso de sucesso. Imagine um jovem da Geração Z que consegue ter foco, equilibra bem suas diversas tarefas e, com isso, consegue excelente produtividade, demonstrando assim que tem uma excelente gestão do tempo.
2. No segundo cenário podemos ter o caso de dificuldade. Imagine outro jovem da Geração Z que tem enorme dificuldade de concluir aquilo que se propõe a fazer, que entra em completo desespero conforme observa suas tarefas se multiplicarem e, desse modo, evidencia sua enorme dificuldade com a gestão do tempo.

Tendo como base esses dois exemplos, qual você acredita ser o cenário mais frequente entre a Geração Z?

Apesar de existirem casos de jovens da Geração Z que conseguem lidar bem com múltiplas tarefas, mantendo organização e foco, a realidade predominante parece ser outra. Dados da Forbes (2024) indicam que mais de 80% desses profissionais enfrentam sintomas de esgotamento mental, o que sugere dificuldades consistentes na gestão do tempo e da atenção. Essa geração, nativa digital, cresceu imersa em estímulos constantes e ambientes multitarefa, o que lhes deu agilidade, mas também comprometeu a capacidade de concentração prolongada.

Com isso, torna-se cada vez mais comum encontrar jovens que acumulam tarefas sem conseguir concluí-las com a qualidade desejada, sentindo-se pressionados, ansiosos e sobrecarregados. Esses dados reforçam que o segundo cenário – o da dificuldade com a multitarefa – é mais frequente e preocupante do que se costuma admitir.

Mas, por quais razões os jovens acabam se envolvendo em multitarefas? Entre as possíveis respostas para essa questão, uma se destaca: porque partem da perigosa crença de que serão mais eficientes desse modo. Pesquisas apontam que 90% dos jovens acreditam que conseguem realizar várias atividades simultaneamente.

No entanto, pesquisas revelam que alternar constantemente entre tarefas, prática conhecida como "multitarefa", pode comprometer seriamente o desempenho profissional. Estudos apontam que essa alternância reduz a produtividade em até 40%, além de aumentar a ocorrência de erros e o desgaste mental. Isso ocorre porque o cérebro humano não foi projetado para dividir atenção de modo contínuo entre múltiplas demandas cognitivas: ele precisa de tempo para "reengajar" sempre que muda de contexto.

A ilusão de eficiência criada por esse comportamento acaba mascarando os impactos reais: perda de qualidade nas entregas, sensação de estagnação e aumento da frustração. Diante disso, torna-se urgente adotar estratégias que favoreçam uma organização mais estruturada das tarefas, com rotinas mais claras, objetivos bem definidos e menos dispersão no ambiente de trabalho.

O relato de Denis (pseudônimo), 24 anos, *tester* de *games* e *streamer* nas horas vagas, ilustra bem esse desafio.

RELATO REAL – DENIS E O DESAFIO DA FRAGMENTAÇÃO

"Trabalhar com *games* sempre foi meu sonho, mas às vezes parece que estou me afogando nas tarefas. Enquanto testo um jogo, já estou pensando no conteúdo da próxima *live*, recebendo mensagens no celular, anotando ideias para o canal e tentando dar conta das demandas do trabalho. Fico pulando de uma coisa para outra, achando que estou sendo produtivo, mas no fim do dia percebo que avancei pouco em tudo. Já deixei passar *bugs* importantes porque minha atenção estava dividida, e as *lives* começaram a perder engajamento porque eu não conseguia me dedicar de verdade. Achei que dar conta de várias coisas ao mesmo tempo era uma vantagem, mas hoje vejo que só me deixa mais cansado e menos criativo. Sinto que, se eu não organizar melhor meu jeito de lidar com as atividades, vou acabar perdendo aquilo que mais gosto de fazer."

Denis, 24 anos, *tester* de *games* e *streamer* nas horas vagas.

Figura 21.1 Denis e as múltiplas tarefas.

Tanto o relato do Denis quanto os estudos mencionados reforçam a importância de líderes e organizações na implementação de práticas que auxiliem a Geração Z a desenvolver habilidades de concentração e gerenciamento de tarefas, promovendo ambientes de trabalho mais saudáveis e produtivos. Para que você possa **avaliar os benefícios e os limites dos profissionais multitarefas**, apoiando os jovens nessa jornada, separamos três boas práticas no Quadro de Ação a seguir.

QUADRO DE AÇÃO

✓ Crie momentos de trabalho concentrado na rotina da equipe. Estabeleça janelas de "trabalho profundo" no dia a dia, nas quais interrupções são evitadas e tarefas complexas são priorizadas. Nomear esses momentos (como "bloco de concentração" ou "modo projeto") ajuda os jovens a entenderem a importância de períodos dedicados exclusivamente a uma atividade, sem notificações ou multitarefas.

✓ Adote metas curtas e visíveis, com *checkpoints* regulares. Jovens da Geração Z respondem melhor a objetivos claros e prazos mais curtos. Dividir entregas maiores em etapas visíveis e acompanhar o progresso com *checkpoints* semanais ajuda a reduzir a ansiedade, manter a motivação e reforçar a ideia de progresso contínuo – o que contribui para manter a atenção no que realmente importa.

✓ Modele o comportamento: lidere com exemplo de atenção plena. Mais do que discursos sobre foco, o que realmente ensina é o exemplo. Líderes que evitam interrupções desnecessárias, que demonstram presença em reuniões e que não romantizam a urgência constante mostram, na prática, que é possível trabalhar com intencionalidade. Esse tipo de liderança inspira os jovens a reverem sua relação com a dispersão.

Acreditamos que essas boas práticas fortalecerão sua liderança. Há profissionais que trabalham muito bem sob o regime de multitarefas, mas devemos destacar que eles são a exceção, e não a regra. Existem pessoas que desenvolvem, inclusive, certo gosto pela lógica *multitask*, mas ratificamos o cuidado com que esse tema deve ser tratado pelos gestores.

Na prática mais frequente, a lógica *multitask* se manifesta quando alguém responde *e-mails* enquanto participa de uma reunião, envia mensagens durante o estudo ou alterna constantemente entre projetos sem concluir nenhum. Esse contexto pode se tornar um pesadelo para a produtividade de qualquer indivíduo ou organização.

Abandonar a lógica *multitask* pode ser desafiador, especialmente em uma cultura que valoriza a agilidade e a resposta imediata. Para muitos jovens da Geração Z, desacelerar parece contraintuitivo, como se estivessem ficando para trás. Mas, na verdade, é justamente ao reduzir a dispersão que se ganha mais qualidade, clareza e domínio sobre as próprias entregas. Pequenas ações ajudam: respirar fundo antes de começar uma tarefa e fechar abas e notificações desnecessárias já são maneiras eficazes de se preparar para uma atuação mais presente. Sim, trata-se do básico bem-feito.

Líderes que se comprometem a ensinar, apoiar e exemplificar práticas de atenção plena constroem equipes mais conscientes e eficazes. Não se trata de exigir foco absoluto o tempo todo, mas de criar condições para que ele aconteça com mais frequência e naturalidade, inclusive em ambientes dinâmicos. Estimular que os jovens façam uma coisa de cada vez, com intenção, e façam pausas curtas a cada 25 minutos são passos simples – mas poderosos – para reconstruir a relação com o trabalho.

Vale a pena porque, no fim das contas, não é sobre fazer tudo ao mesmo tempo; é sobre fazer o que importa com presença real. E esse é um diferencial poderoso para qualquer profissional, em qualquer geração.

22 PRIORIZE A URGÊNCIA DA SAÚDE E DO BEM-ESTAR NO AMBIENTE DE TRABALHO

"Não é possível produzir bem em um lugar onde não se pode respirar com tranquilidade."

A Geração Z está nos mostrando algo que outras gerações levaram décadas para reconhecer: trabalhar em sofrimento não é normal. Durante muito tempo, trabalhar até a exaustão completa foi transformado em troféu. Acumular noites mal dormidas, jornadas excessivas e sobrecarga emocional eram tratados como sinal de comprometimento. Ser produtivo significava aguentar calado. O silêncio era confundido com força. Mas essa geração chega ao mercado com outra régua. Para eles, produtividade não se mede apenas por entregas feitas, mas por como essas entregas foram feitas e a que custo humano. Não basta entregar, é preciso sobreviver bem ao processo e sair bem dele.

Essa mudança de perspectiva não é um modismo. Ela é fruto de um contexto. Essa geração cresceu ouvindo falar em *burnout*, depressão, ansiedade. Assistiu aos seus pais adoecerem no trabalho e não quer repetir esse caminho. Foi alfabetizada emocionalmente em um tempo em que o autocuidado deixou de ser luxo e passou a ser sobrevivência. Por isso, ela nomeia o que sente, identifica limites e não tem medo de ir embora de onde o corpo não aguenta mais ficar. Para muitos líderes, isso soa como "fraqueza". Mas, na prática, é um novo tipo de coragem: a coragem de se preservar.

Relatórios recentes do *Edelman Trust Barometer* revelam que quase 70% dos jovens trabalhadores já sentiram que seu trabalho prejudicava sua saúde mental. A Deloitte aponta que os fatores mais valorizados pela Geração Z em um ambiente profissional são: segurança psicológica, respeito ao equilíbrio entre vida pessoal e profissional e apoio genuíno ao bem-estar emocional. Isso não significa que eles querem menos responsabilidades, significa que desejam um ambiente em que ser eficiente não implique sacrificar a própria saúde física e emocional no caminho.

RELATO REAL - LUCAS E A REUNIÃO DO SILÊNCIO

"Eu tinha acabado de entrar na empresa e já estava exausto. Reuniões atrás de reuniões, metas agressivas, e nenhuma escuta real. Um dia, em uma ligação com minha gestora, ela percebeu que eu estava calado demais. No fim da reunião, me chamou no privado e perguntou: 'você está bem mesmo ou só tentando parecer bem?'. Chorei. Era a primeira vez que alguém, no trabalho, perguntava por mim de verdade. Depois disso, começamos a fazer conversas semanais de bem-estar. Não resolvia tudo, mas me fazia seguir mais confiante."

Lucas, 23 anos.

Figura 22.1 Lucas e seu desafio no trabalho.

A história de Lucas mostra o que está em jogo: o cuidado não precisa ser perfeito, precisa ser presente. A presença cuidadosa de um líder pode não eliminar o peso todo que a outra pessoa carrega, mas alivia o fardo do silêncio. E, às vezes, isso é o suficiente para alguém continuar tentando.

A filósofa Viviane Mosé, ao refletir sobre o mundo do trabalho contemporâneo, diz que "o adoecimento não vem do excesso de esforço, mas do vazio de significado". A saúde emocional, portanto, não se resolve apenas com pausas, massagens ou frutas no refeitório. Ela exige um olhar mais profundo: por que as pessoas estão adoecendo? O que se quebrou entre elas e o sentido do que fazem?

Essa é uma pergunta que atravessa todas as gerações, mas que a Geração Z vocaliza com mais coragem. Eles não querem apenas tempo livre, querem saber se vale a pena o tempo investido. Por isso, não se trata apenas de políticas de bem-estar, mas de uma mudança de consciência coletiva sobre o que é, de fato, uma cultura de cuidado.

No Quadro de Ação a seguir, trazemos ações práticas para que você **priorize a urgência da saúde e do bem-estar no ambiente de trabalho.**

QUADRO DE AÇÃO

✓ Normalize conversas sobre saúde emocional. Comece reuniões com verificações sinceras. Crie canais confidenciais de escuta. Forme lideranças capazes de perceber sinais sutis de sobrecarga. Falar sobre saúde mental precisa deixar de ser tabu e virar prática.

✓ Redesenhe ritmos e metas com humanidade. Avalie o impacto da agenda nas pessoas. Adapte metas ao contexto, promova pausas reais, questione a cultura da urgência. Lembre-se: alta *performance* sustentável exige descanso, e não apenas pressão.

✓ Transforme o cuidado em política e não apenas em afeto seletivo. Cuide com estrutura. Estabeleça políticas claras de acolhimento, programas de apoio psicológico, iniciativas de bem-estar integradas ao plano estratégico. O cuidado começa na intenção, mas só se sustenta na organização.

Cuidar da saúde e do bem-estar no trabalho não é um benefício opcional, é uma urgência estrutural. Em um mundo em que as mudanças são rápidas, os desafios complexos e os recursos humanos cada vez mais valiosos, a saúde emocional se tornou um ativo estratégico. Organizações que negligenciam isso não apenas perdem talentos, perdem vitalidade, inovação e confiança. A ausência de cuidado corrói silenciosamente o que há de mais precioso em qualquer ambiente de trabalho: o vínculo entre as pessoas.

E é exatamente esse vínculo que a Geração Z busca preservar. Eles estão dizendo, com palavras, com demissões silenciosas, com saídas e com recusas: "não queremos adoecer para pertencer a este grupo". Não querem promoções que custem sua paz. Não querem reconhecimento que só vem quando o corpo cede. Querem fazer parte de organizações que compreendam que o ser humano é cíclico, tem limites, precisa de pausas e só produz de maneira sustentável quando se sente inteiro.

Esse novo olhar exige uma mudança radical no modo como concebemos o trabalho. A saúde e o bem-estar não devem estar restritos a departamentos, campanhas sazonais ou frases motivacionais. Eles precisam estar no centro das decisões, na definição das metas, no desenho das agendas, nos prazos realistas, nas relações de confiança. Promover saúde não é só aliviar tensões, é também prevenir condições que as causam. E isso requer revisão profunda de culturas que ainda associam valor à hiperdisponibilidade e à força à negação da dor.

Líderes que realmente compreendem o tempo em que vivemos sabem que cuidar não é proteger da realidade, mas fornecer estrutura para enfrentá-la. Criar ambientes saudáveis não é sobre eliminar o esforço, mas sobre garantir que o esforço não se torne sofrimento crônico. E que, quando ele acontecer - porque sim, ele acontecerá -, existam espaços seguros para falar, apoio concreto para agir e humanidade suficiente para sustentar.

A Geração Z está nos oferecendo a chance de transformar o ambiente de trabalho em um lugar em que as pessoas possam performar sem se perder de si. Estão nos dizendo que o verdadeiro sucesso organizacional não está apenas em resultados financeiros, mas na capacidade de promover vidas inteiras e não apenas carreiras. E talvez essa seja a grande virada do nosso tempo: entender que o ambiente mais competitivo do futuro será aquele em que as pessoas permanecem, não porque suportam, mas porque se sentem respeitadas, vistas e cuidadas.

23 PREPARE AS PESSOAS PARA UM AMBIENTE DE RÁPIDAS MUDANÇAS

"Falar que vivemos em um ambiente de mudanças cada vez mais velozes virou lugar comum. O que não é tão comum é encontrar pessoas realmente preparadas para essas mudanças."

Avanço tecnológico exponencial, ciclo de inovação mais curto, conectividade global, instabilidade e disrupções constantes. Estes são apenas alguns exemplos que evidenciam a velocidade com que "o mundo tem girado" nas décadas recentes.

Tecnologias como Inteligência Artificial (IA) e biotecnologia evoluem em ritmo acelerado, mudando setores inteiros em poucos anos. O tempo entre uma inovação e sua obsolescência diminuiu drasticamente; produtos e soluções são substituídos com mais rapidez. A Internet e as mídias sociais disseminam ideias, tendências e mudanças culturais em escala global e em tempo real. Crises climáticas, pandemias e conflitos geopolíticos provocam transformações rápidas nos modos de viver, trabalhar e consumir.

Essa velocidade traz para boa parte das pessoas uma série de dificuldades, como:

- ✓ **Sensação de desatualização constante** – pessoas que aprenderam a trabalhar, se relacionar ou consumir de maneira mais estável sentem-se, de repente, defasadas. A tecnologia muda, os códigos sociais mudam, e o que antes era uma referência sólida passa a parecer ultrapassado. Isso pode gerar insegurança, medo de não acompanhar e até resistência às mudanças.
- ✓ **Dificuldade com novas linguagens e tecnologias** – a comunicação muda: novas gírias, formatos digitais, ferramentas. Quem não cresceu nesse ambiente precisa de mais esforço cognitivo e emocional para aprender e se adaptar. Essa dificuldade pode afastar profissionais mais experientes de debates atuais e até reduzir sua participação em ambientes mais ágeis.

- ✓ **Ansiedade diante da instabilidade** – pessoas acostumadas com planos a longo prazo e estruturas estáveis podem sofrer mais com o cenário de incerteza e disrupção constante. A imprevisibilidade do mercado de trabalho, dos comportamentos sociais e da tecnologia gera um estado de alerta contínuo, que desgasta emocionalmente.
- ✓ **Resistência à mudança e perda de identidade** – mudanças rápidas podem ser vistas como ameaças ao que foi construído até ali. Valores, modos de liderar ou de ensinar, por exemplo, podem ser questionados – e isso gera resistência, sensação de perda de relevância e até crises de identidade profissional ou pessoal.

No campo da gestão, por exemplo, antigamente um CEO era um grande *expert* em sua empresa e em seu setor. Hoje, é praticamente impossível performar bem como um grande gestor sem conhecer a fundo outros mercados e uma série de aspectos políticos, econômicos, sociais, tecnológicos, ambientais e legislativos que exercem influência sobre as empresas e sobre a sociedade como um todo. Pois é, caro leitor. Difícil não dizer que as coisas ficaram mais complexas e mais difíceis no campo da gestão, ao menos no que se refere à compreensão do mundo e à necessidade de tomada de decisões rápidas.

Nosso intuito não é compararmos o que mudou para melhor e o que mudou para pior nas décadas recentes. Precisamos, na verdade, destacar que a Geração Z, nascida e criada nesse cenário de mudanças aceleradas, também sente na pele os impactos dessa velocidade, apesar de ter, em geral, desafios diferentes daqueles enfrentados por gerações anteriores. Acostumada com atualizações constantes, novas linguagens digitais e a necessidade de adaptação contínua, essa nova geração desenvolveu uma agilidade natural para lidar com transformações – mas também enfrenta desafios emocionais e cognitivos decorrentes desse ritmo frenético. Com base em pesquisas acadêmicas, o Quadro 23.1 compara os desafios vivenciados por diferentes gerações.

Quadro 23.1 Desafios geracionais

Gerações anteriores	Geração Z
✓ Sentimento de obsolescência diante de novas tecnologias	✓ Pressão por estar sempre atualizada e produtiva
✓ Dificuldade para adaptar-se a novas ferramentas e linguagens	✓ Excesso de estímulos e distrações que dificultam o foco
✓ Ansiedade frente à instabilidade e à quebra de estruturas	✓ Ansiedade diante da incerteza do futuro e das múltiplas possibilidades

(continua)

(continuação)

Gerações anteriores	Geração Z
✓ Resistência à mudança por apego a métodos tradicionais	✓ Insegurança por falta de referências sólidas e estabilidade
✓ Percepção de perda de autoridade e relevância	✓ Busca constante por reconhecimento e validação
✓ Tempo maior de amadurecimento e estabilidade na carreira	✓ Pressa para alcançar sucesso rápido e medo de ficar para trás
✓ Dificuldade em compreender novas pautas sociais e culturais	✓ Carga emocional por engajamento em múltiplas causas
✓ Valorização de hierarquias e estruturas fixas	✓ Desconforto com estruturas rígidas e desejo por autonomia

Destacamos esses elementos por uma simples razão: há muitos gestores experientes que interpretam que as novas gerações estariam mais preparadas para lidar com um mundo em rápida mudança, por terem crescido nesse ambiente. O relato de Isabela (pseudônimo) está diretamente ligado a essa temática, mostrando que, por vezes, pode ser o contrário.

RELATO REAL – ISABELA E AS RÁPIDAS MUDANÇAS DO MUNDO

"Todo mundo acha que, por eu ser jovem e trabalhar com inovação, eu estou sempre pronta para o novo. Mas, na prática, nem sempre é assim. Às vezes, me sinto dentro de uma máquina que não para nunca. Mal aprendi a usar uma ferramenta, já surge outra. Mal consegui entender uma tendência, ela já virou meme velho. É como se o mundo estivesse correndo em uma velocidade que me obriga a correr também – e, quando paro, sinto culpa. E aí vem a comparação: tem gente da minha idade empreendendo, ganhando prêmio, sendo promovido. Isso só aumenta a sensação de que estou ficando para trás, mesmo estando exausta tentando seguir o ritmo. Não sei se a geração dos meus pais se sentia assim, mas o que mais me incomoda é essa constante sensação de urgência. Como se, se eu não fizer tudo agora, eu vou sumir. É difícil encontrar estabilidade quando o mundo não para um segundo sequer."

Isabela, 24 anos, analista em instituto de pesquisa.

Figura 23.1 Isabela e a necessidade de agir rápido.

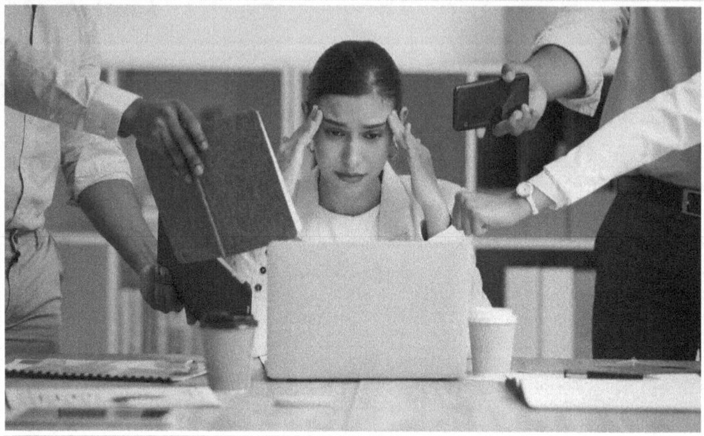

O fato é que há uma série de desafios impostos para todas as gerações quando a pauta é a velocidade de mudança em nossas dinâmicas sociais. Entre as iniciativas para **preparar as pessoas para um ambiente de rápidas mudanças**, destacamos uma ferramenta em especial: o modelo Cynefin.

QUADRO DE AÇÃO

✓ Aplique, com seu time ou com as pessoas com as quais se relaciona, o modelo Cynefin.

Figura 23.2 Modelo Cynefin.

Criado por Dave Snowden (1954-), consultor e pesquisador galês na área de Gestão do Conhecimento, o modelo ajuda a classificar os contextos em domínios diferentes - simples, complicado, complexo, caótico –, permitindo que as pessoas identifiquem qual tipo de resposta é mais adequada em cada situação.

Por exemplo, em contextos claros, a resposta certa é evidente e pode ser tratada com boas práticas. Já em contextos complexos, que são comuns no mundo atual, o caminho não é tão óbvio, e a melhor abordagem pode ser experimentar, observar os efeitos e aprender com o processo.

O valor do modelo Cynefin está justamente em nos lembrar que nem todo problema exige velocidade máxima, e que agir rápido demais em contextos caóticos ou desconhecidos pode gerar ainda mais confusão. Com essa ferramenta, gestores e equipes aprendem a agir com consciência, escolhendo a velocidade e a abordagem certas para cada tipo de desafio.

Enfrentar um mundo em constante transformação não é simples. Exige esforço, desapego de certezas antigas, disposição para aprender continuamente e coragem para agir em meio à incerteza. Naturalmente, haverá desconforto - mas é justamente nele que nascem as adaptações mais poderosas.

Vale a pena, porque é nesse movimento que nos tornamos mais preparados, mais criativos e mais humanos. Quem aceita o desafio de se transformar junto ao mundo não apenas sobrevive às mudanças: lidera nelas.

PILAR C:
PASSOS PARA LIDERAR COM SUCESSO AS NOVAS GERAÇÕES

APRESENTAÇÃO

O Pilar C deste livro tem como objetivo apoiar líderes na construção de práticas de liderança mais humanas, eficazes e alinhadas com os valores das novas gerações. Nesta etapa, apresentamos orientações que ajudam a inspirar e engajar os times, destacando a importância da autenticidade, da escuta ativa, da clareza de propósito e do *feedback* contínuo. Também abordamos o papel do líder na condução de equipes intergeracionais, na promoção de ambientes colaborativos e na prevenção de comportamentos tóxicos. Nesta etapa, convidamos o leitor a assumir uma postura de liderança que não se baseia apenas em controle e hierarquia, mas em presença, sensibilidade e conexão real com as pessoas.

24 APOIE AS PESSOAS, POIS ESSA É A ESSÊNCIA DA LIDERANÇA

"Em tempos em que quase tudo parece mudar rapidamente torna-se ainda mais relevante que os líderes tenham como apoio princípios atemporais. A necessidade de apoiar as pessoas é uma dessas virtudes."

Se for de seu interesse, investigue a literatura sobre liderança. Apesar de esse tema ser polissêmico, isto é, ter muitos sentidos possíveis, há uma definição predominante nos estudos: a de que "o líder é aquele que influencia pessoas para o alcance de objetivos".

Essa definição é, sem dúvida, muito importante. Entretanto, ousamos defender que melhor do que utilizarmos o termo "influenciar", que, para alguns, pode remeter a algo como manipulação negativa, preferimos utilizar o termo "cuidar". Além disso, complementaríamos essa definição com uma visão mais integrativa e, de certo modo, mais ousada. Veja como ficaria: **"o líder é aquele que cuida de pessoas para que, juntas, alcancem grandes objetivos"**.

Perguntamos o seguinte ao leitor: em sua visão, essa definição tem prazo curto de validade? Nossa resposta para isso é um sonoro **não**. O conceito é o mesmo no tempo e no espaço. Isso significa dizer que essa ideia continuará válida em 100 anos, e totalmente aplicável em diferentes países e, portanto, culturas.

Apesar de o conceito ser em grande medida atemporal, duas coisas centrais mudaram:

1. O modo de cuidar das pessoas e, principalmente, a percepção do que significa "cuidar" para as novas gerações.
2. Aquilo que podem ser considerados grandes objetivos, que vão muito além do alcance de pequenas metas.

O modo de cuidar das pessoas mudou porque as expectativas das novas gerações em relação à liderança são diferentes. Cuidar, hoje, não se limita a oferecer estabilidade ou resolver problemas técnicos. Significa reconhecer individualidades, respeitar ritmos, promover saúde mental e construir ambientes inclusivos.

As novas gerações valorizam líderes que demonstram autenticidade, que sabem escutar sem julgamento e que apoiam o crescimento pessoal e profissional de maneira integrada. Para essas gerações, o cuidado passa também pelo reconhecimento emocional e pelo senso de pertencimento – algo que exige dos líderes habilidades socioemocionais mais refinadas e coerência entre discurso e prática.

Quanto ao que se entende por grandes objetivos, também houve uma ressignificação. Antes, metas financeiras e de produtividade eram, muitas vezes, vistas como os principais indicadores de sucesso. Hoje, especialmente para as novas gerações, grandes objetivos estão ligados a causas, valores e impacto positivo.

Isso não significa que essas gerações não tenham ambições financeiras – pelo contrário, muitas delas desejam prosperar economicamente e alcançar segurança material. A diferença está no fato de que o ganho financeiro, por si só, já não é suficiente. Ele precisa estar conectado a algo que faça sentido, que traga propósito, que contribua para um mundo melhor.

O líder que compreende isso amplia seu papel: ele não apenas organiza esforços para resultados, mas também inspira sentido, conectando o trabalho do dia a dia a algo maior, mais duradouro e mais humano. O relato sobre o líder César (pseudônimo), feito por João (pseudônimo), membro de seu time de vendas, ilustra bem essa temática.

RELATO REAL – O LÍDER CÉSAR NA VISÃO DE UM MEMBRO DE SEU TIME

"Antes de entrar para o time do César, eu achava que liderança era sinônimo de cobrança e metas inalcançáveis. Mas trabalhar com ele mudou completamente minha visão. O César tem 48 anos, mas nunca impôs a experiência como barreira – pelo contrário, ele usa a vivência dele para nos apoiar, não para nos controlar. Ele escuta de verdade, quer entender o que a gente sente, o que a gente pensa. Já aconteceu de eu estar em um dia ruim e ele perceber antes mesmo de eu dizer algo. E o mais impressionante: ele nunca minimiza, nunca julga. Ele acolhe. O jeito como ele conduz a equipe dá vontade de fazer mais, de fazer melhor. Ele sempre explica o propósito por trás das nossas metas, mostra como cada coisa que fazemos se conecta com algo maior. Isso motiva muito. Com ele, a gente sente que não está só batendo ponto, mas construindo algo que faz sentido. E mesmo quando o resultado não vem, ele está lá, ensinando, não apontando. O César é o tipo de líder que cuida – e é por isso que a gente entrega tanto."

João, 26 anos, membro da equipe de Vendas do líder César.

Figura 24.1 César e seu time de vendas.

Precisamos de mais líderes com essas características. Desejamos, principalmente, que nossos leitores tenham a oportunidade de estabelecer esse tipo de relação, e de resultado, com seus respectivos times. Nesse caminho, defendemos que há aspectos da liderança que sempre serão bem-vindos.

O relato de João traz termos como propósito, acolhimento e não julgamento, para se referir positivamente ao líder César. Já vimos no Capítulo 3 (sobre os valores centrais das novas gerações) que valores como propósito, acolhimento, autenticidade e pertencimento não são apenas preferências subjetivas, mas pilares estruturantes da identidade da Geração Z. Isso significa que quando um líder incorpora esses elementos em sua maneira de liderar, ele não está apenas promovendo um ambiente mais leve – está respondendo diretamente às demandas de uma nova geração de profissionais que querem ser ouvidos, respeitados e inspirados.

Líderes como César representam uma nova referência: aquela que não impõe, mas inspira; que não controla, mas guia; que não silencia, mas escuta. Ao conectar cuidado com resultado, empatia com desempenho e verdade com liderança, eles criam culturas mais humanas, capazes de gerar não apenas metas alcançadas, mas pessoas mais inteiras, comprometidas e realizadas. E esse é um dos maiores objetivos que um líder pode ajudar sua equipe a alcançar.

Com base no conteúdo deste capítulo – **Apoie as pessoas, pois essa é a essência da liderança** –, aqui está um Quadro de Ação prático para líderes que desejam incorporar uma liderança cuidadora, sensível às necessidades das novas gerações e alinhada a princípios atemporais.

QUADRO DE AÇÃO

Quadro 24.1 Quadro de ação da liderança

Ação	Como fazer na prática	Por que isso importa?
Pratique o cuidado individualizado	Conheça as pessoas da sua equipe além dos cargos. Pergunte sobre seus interesses, dificuldades, aspirações. Demonstre presença genuína.	As novas gerações esperam ser reconhecidas como indivíduos únicos, e não apenas como peças de produtividade.
Crie espaços de escuta sem julgamento	Promova conversas frequentes e abertas. Use escuta ativa e evite respostas imediatas. Valorize o que o outro sente, mesmo que você não concorde.	O senso de pertencimento e acolhimento é essencial para engajamento, saúde mental e confiança.
Conecte metas a um propósito maior	Ao apresentar uma meta, explique o impacto dela na organização e na sociedade. Mostre como o trabalho de cada pessoa contribui para algo significativo.	Isso reforça o sentido do trabalho e motiva especialmente quem busca impacto e propósito.
Redefina o que é sucesso com sua equipe	Inclua indicadores de saúde emocional, colaboração, aprendizado e impacto social na conversa sobre resultados.	Os "grandes objetivos" mudaram: prosperidade hoje é também emocional, coletiva e com propósito.

Liderar é, essencialmente, um ato de humanidade. Em meio a tantas transformações, tecnologias emergentes e métricas que se acumulam, é fácil perder de vista o que sustenta, há gerações, a confiança entre líderes e liderados: o cuidado genuíno.

Apoiar as pessoas, escutá-las com atenção, reconhecê-las em sua singularidade e oferecer presença nos momentos mais difíceis são práticas que não envelhecem. Podem mudar os métodos, os contextos e as ferramentas, mas a essência permanece.

Cuidar é o que torna a liderança digna de ser exercida – e é esse cuidado, por vezes silencioso e constante, que transforma relações comuns em trajetórias memoráveis. Ser esse tipo de líder pode ser desafiador, mas também é, sem dúvida, de grande valia.

25 ENGAJE SEU TIME PARA ALCANÇAR RESULTADOS SIGNIFICATIVOS

"Equipes entregam mais quando se sentem parte, não apenas de um projeto, mas de um propósito."

Em 2019, o técnico Jürgen Klopp levou o Liverpool Football Club a conquistar a Liga dos Campeões da UEFA, após 14 anos sem títulos europeus. Para muitos, foi mais do que uma vitória. Foi a consagração de um time que acreditava profundamente no projeto coletivo e no estilo de liderança que cultivava confiança, escuta e propósito. Klopp não era o líder que gritava comandos, era o que celebrava pequenos avanços, dava voz aos jogadores e fazia com que cada um, dos titulares aos reservas, se sentisse parte essencial da jornada. Em suas entrevistas, ele repetia: "Não sou um treinador, sou um motivador de equipe". E isso fazia toda a diferença.

Esse exemplo é mais do que um caso de sucesso esportivo. É uma lição sobre engajamento genuíno. Um time que acredita no que está construindo, que sente que sua presença importa e que entende o valor coletivo de suas ações, entrega com a alma. Quando as pessoas se sentem parte de algo maior, elas se conectam não só com os resultados, mas com o processo, com os colegas e com o impacto do que fazem.

Muitos líderes ainda associam engajamento à *performance* medida por metas atingidas, bônus distribuídos e discursos motivacionais repetidos. Essa visão, embora tenha funcionado em outros tempos, já não responde às demandas mais complexas do ambiente contemporâneo, especialmente quando falamos das novas gerações. Para a Geração Z, engajar não é manipular entusiasmo, é criar um vínculo real com aquilo que se faz. E esse vínculo se forma quando o trabalho deixa de ser apenas tarefa e passa a ser expressão de propósito, valor e identidade.

Essa geração cresceu em um mundo que os ensina desde cedo a questionar estruturas, a buscar significado e a valorizar autenticidade. Isso não significa que sejam menos comprometidos, mas que precisam de outro tipo de compromisso: não com o líder em si, mas com a causa que representa, não com a empresa apenas, mas com o impacto que ela gera. O engajamento, portanto, não nasce da pressão, mas da relação entre sentido, pertencimento e reconhecimento. Quando um profissional sente que está construindo algo que importa, ao lado de pessoas que o respeitam e com espaço para crescer, o engajamento emerge de forma orgânica e sustentada.

Não se trata, portanto, de deixar o trabalho "leve", mas de torná-lo significativo. A neurociência organizacional mostra que o engajamento está relacionado à ativação de áreas do cérebro ligadas à recompensa emocional, ao reconhecimento social e ao aprendizado contínuo, ou seja, não basta pagar bons salários, é preciso convidar para uma jornada que faça sentido. E esse convite começa com líderes que sabem comunicar propósito, dar autonomia, incluir na decisão e celebrar o processo, não apenas o fim. Equipes engajadas não apenas entregam mais, elas permanecem inteiras durante o percurso. O relato de Ana Cláudia (pseudônimo) relata bem esse cenário de engajamento verdadeiro.

RELATO REAL - ANA CLÁUDIA, LÍDER DE UM TIME MULTIGERACIONAL

"Tenho 52 anos e sou gestora de uma equipe de inovação com pessoas entre 22 e 45 anos. Uma coisa que aprendi com o tempo é que engajar não é fazer com que todos gostem de mim, nem tentar ser uma líder 'moderna'. É sobre criar sentido coletivo. Na nossa equipe, todo início de projeto começa com uma conversa aberta: 'Por que isso importa?', 'Quem será impactado?', 'O que a gente quer que as pessoas sintam com esse trabalho?'. Eu dou espaço para eles construírem isso. Como resultado, o envolvimento vem naturalmente. Quando alguém entende o 'pra quê', o 'como' se torna um esforço compartilhado. E o mais bonito: eu aprendo com eles o tempo todo, principalmente a importância de não liderar com certezas, mas com escuta."

Ana Cláudia, 56 anos, gerente de Inovação em uma empresa de tecnologia educacional.

Figura 25.1 Ana Cláudia conduzindo reunião.

O relato de Ana Cláudia mostra como o engajamento verdadeiro não vem da imposição de metas, mas da construção de significado e da abertura ao diálogo. Líderes mais experientes, como Ana, que reconhecem a potência da escuta ativa e da coautoria, têm mais chances de formar equipes que não apenas entregam resultados, mas que permanecem emocionalmente conectadas ao que fazem.

Nossa recomendação é que você **engaje seu time para alcançar resultados significativos** por meio de ações como as listadas no Quadro de Ação a seguir.

QUADRO DE AÇÃO

✓ Construa significado em conjunto. Antes de lançar um projeto ou uma campanha, envolva o time na construção do propósito. Pergunte: "Por que isso importa?", "Qual impacto queremos causar?". Quando as pessoas participam do início, elas se sentem protagonistas do seu próprio caminho.

✓ Reconheça contribuições com intenção. Substitua o "bom trabalho" genérico por reconhecimentos específicos: "Sua escuta na reunião de ontem ajudou a resolver um impasse importante". O reconhecimento detalhado ativa o senso de valor e estimula o engajamento contínuo.

✓ Reforce o senso de progresso coletivo. Celebre marcos de caminhada, não apenas os finais. Mostre visualmente a evolução do time, compartilhe aprendizados em grupo, valorize os esforços. O engajamento se sustenta quando as pessoas percebem que estão indo longe, juntas.

Engajar vai além de dar sentido individual ao trabalho, envolve criar um propósito coletivo visível. Uma ferramenta prática para isso é a técnica dos Propósitos Compartilhados.

No início de um projeto, reúna o time para responder, juntos:

✓ Por que estamos fazendo isso?

✓ Quem será impactado?

✓ Que tipo de legado queremos deixar com esse projeto?

A partir dessas respostas, coconstruam uma frase-síntese, como um mantra da equipe. Essa frase pode estar visível em um mural físico ou digital, reaparecendo em reuniões e *checkpoints* como lembrete do "porquê maior" por trás do trabalho.

Quando as pessoas participam da formulação do propósito, elas não apenas entregam tarefas, elas defendem causas. E quando o propósito é constantemente lembrado e revisitado, o engajamento deixa de ser pontual e passa a ser sustentável.

Engajar uma equipe não é apenas uma estratégia de *performance*, é um gesto profundo de respeito e responsabilidade. É reconhecer que cada pessoa que compõe um time carrega consigo histórias, expectativas, medos e potências. Quando líderes se comprometem com o engajamento verdadeiro, estão dizendo: "eu vejo você, e o que você faz importa". Estão, na prática, ajudando a transformar o trabalho de um fardo rotineiro em uma experiência que fortalece autoestima, autonomia e senso de contribuição. É o tipo de liderança que não apenas extrai resultados, mas cultiva vínculos duradouros.

Líderes que compreendem isso não atuam apenas como gestores de tarefas, mas como curadores de sentido e construtores de cultura. Eles sabem que engajar não é entreter, nem bajular, e muito menos controlar. É criar espaços em que as pessoas possam crescer, errar, contribuir e pertencer com autenticidade.

Engajar as novas gerações, como Ana Cláudia nos relatou, não exige abandonar a experiência acumulada, exige colocá-la a serviço de uma escuta mais empática, de um diálogo mais aberto e de uma presença mais disponível. Porque, no fim, equipes altamente engajadas não são formadas apenas por profissionais alinhados às metas, mas por pessoas que se sentem emocionalmente conectadas à jornada. E isso, no mundo contemporâneo, é o diferencial mais poderoso que um líder pode oferecer.

26 INSPIRE COMO LÍDER TRANSFORMACIONAL, CONECTANDO VISÃO ÀS NECESSIDADES DO TIME

"Que tipo de líder é você? Como é ser liderado por você? Como as pessoas te enxergam enquanto líder? Essas são perguntas fundamentais que temos que nos fazer de tempos em tempos."

No capítulo anterior, apresentamos uma definição para a liderança. De maneira mais específica, trouxemos também um olhar para o líder e para seu papel de cuidar das pessoas.

Atrelada ao sentido do que significa ser um líder está a temática dos tipos de lideranças (alguns autores dão a esse fenômeno o nome "perfil de liderança", mas esse termo é, por vezes, criticado na academia). Entre os tipos de liderança estão: relacional, técnica, transacional, situacional, autêntica, entre outras destacadas pela literatura.

Todos esses tipos de liderança têm a ver com o modo como o líder influencia as pessoas para o alcance dos objetivos, seja principalmente por meio das relações humanas (liderança relacional), conhecimentos e habilidades técnicas (liderança técnica), negociações e barganhas com o time (liderança transacional), moldando-se aos diferentes contextos e vivências de seus liderados (situacional), sendo firme em seus valores e propósitos (liderança autêntica), e assim por diante.

Neste capítulo, trataremos de um tipo de liderança em especial, e que não inserimos na lista anterior porque queremos dar a ela maior destaque nesse momento: a liderança **transformacional**.

Em seu consagrado livro intitulado *Comportamento Organizacional*, Stephen Robbins apresenta a liderança transformacional como um estilo de liderança que vai além das trocas tradicionais entre líderes e seguidores. Segundo Robbins, líderes transformacionais inspiram e motivam seus seguidores a transcenderem seus próprios interesses em prol de objetivos coletivos, promovendo mudanças significativas nas atitudes e nos comportamentos dos membros da organização.

Esse tipo de liderança é, então, caracterizado por quatro componentes principais:

1. **Influência idealizada:** os líderes agem como modelos de comportamento, ganhando respeito e confiança de seu time.
2. **Motivação inspiradora:** eles articulam uma visão clara e atraente do futuro, motivando os membros dos times a alcançarem metas desafiadoras.
3. **Estimulação intelectual:** encorajam a criatividade e a inovação, desafiando as normas estabelecidas e promovendo novas abordagens para resolver problemas.
4. **Consideração individualizada:** oferecem apoio personalizado e atenção às necessidades individuais de desenvolvimento de cada membro do time.

Robbins destaca que a liderança transformacional é ainda mais eficaz em ambientes que requerem inovação e adaptação, pois os líderes transformacionais conseguem mobilizar os membros do time para mudanças organizacionais profundas e sustentáveis.

Essa abordagem se mostra especialmente eficaz quando pensamos na liderança da Geração Z. Como vimos, os jovens dessa geração buscam propósito, autenticidade, desenvolvimento contínuo e reconhecimento individual – todos elementos diretamente contemplados pela liderança transformacional, como no caso de Jorge (pseudônimo), diretor de Marketing de multinacional farmacêutica.

RELATO REAL - JORGE COMO LÍDER TRANSFORMACIONAL

"Quando assumi minha posição de liderança, entendi que meu papel não era apenas entregar números, mas formar pessoas. E isso ficou ainda mais claro quando minha equipe começou a se renovar com profissionais mais jovens. No início, tentei repetir o que tinha dado certo comigo: metas claras, pressão por resultado e foco em *performance*. Mas algo não encaixava. Percebi que a nova geração queria mais do que direção - queria sentido. Foi aí que mudei minha forma de liderar. Comecei a compartilhar mais do 'porquê' por trás das nossas estratégias, convidei o time a cocriar soluções e abri espaço para escuta real. Eu vi pessoas ganhando voz, propondo ideias melhores que as minhas, e sentindo orgulho do que construíam. Passei a dar *feedbacks* mais personalizados, respeitando o momento de cada um. Aprendi que liderar é inspirar, sim, mas também é estar disponível. E que ninguém se transforma sozinho - a gente cresce junto, à medida que confia. Hoje, meu maior resultado não está só nos indicadores da área, mas no brilho que vejo nos olhos de quem lidero. Gente que entra como analista e sai como protagonista. Para mim, isso é ser líder transformacional."

Jorge, 55 anos, diretor de Marketing de multinacional farmacêutica.

Figura 26.1 Jorge com o time de analistas de Marketing.

Ao promover uma visão inspiradora, incentivar o pensamento crítico e oferecer atenção personalizada, o líder transformacional estabelece conexões mais significativas com seus liderados, o que favorece o engajamento e a retenção desses jovens talentos.

Nesse sentido, liderar a Geração Z com base nos princípios da liderança transformacional não é apenas adequado – é estratégico para construir ambientes inovadores, colaborativos e alinhados com os valores que mobilizam essa nova geração.

Posto em outras palavras, o líder transformacional é aquele que consegue transformar positivamente a vida e a trajetória de seus liderados e, com isso, consegue transformar para melhor o clima e o resultado das organizações. Claro que ninguém faz isso sozinho, e é justamente por isso que o líder transformacional consegue criar um ciclo virtuoso em seu processo de gestão de talentos. É o que Jorge chamou de "brilho nos olhos".

Entretanto, de que maneira podemos saber se estamos conseguindo **inspirar como líderes transformacionais conectando visão às necessidades do time**? O Quadro de Ação a seguir poderá te ajudar nesse caminho.

Em um primeiro momento, essa atividade de autoavaliação pode parecer muito simples, mas, na verdade, ela carrega perguntas fundamentais para diagnosticarmos nossa atual condição enquanto líderes, além de nos levar a pensar em caminhos/propostas para nosso futuro enquanto líderes. Faça esse exercício com foco e sinceridade e muito provavelmente você terá novas percepções sobre parte de sua atuação como líder.

QUADRO DE AÇÃO – O TERMÔMETRO DA LIDERANÇA TRANSFORMACIONAL

Feche os olhos por um instante e reflita sobre a sua liderança como se fosse uma paisagem. Nesse processo, **imagine que sua atuação como líder hoje se traduz em um lugar.** Agora, responda com o máximo de sinceridade e atenção:

Se sua liderança fosse uma paisagem, qual seria?

Pode ser um farol, um jardim, uma trilha na montanha, uma estrada de terra, um porto, um campo aberto, um deserto, uma biblioteca...

Descreva com detalhes. Quais sons você ouviria? O que há ao seu redor?

Está claro ou escuro? Há movimento ou estagnação?

Quem você é nesse lugar?

Um guia? Um observador? Um construtor? Alguém escondido? Um anfitrião? Um viajante perdido?

Que papel você está desempenhando nesse espaço?

O que essa paisagem revela sobre o seu impacto real nas pessoas?

Você gera conforto? Clareza? Direção? Autonomia? Ou será que gera ruído, insegurança ou excesso de controle?

O que precisaria mudar nesse cenário para que ele fosse mais transformador para você e para quem está ao seu redor?

Mais caminhos? Mais luz? Mais escuta? Mais presença? Menos pressa?

Ser um líder transformacional é, acima de tudo, comprometer-se com a possibilidade de transformar vidas – especialmente as da Geração Z, que busca sentido, impacto e desenvolvimento real. Até onde podemos ir? Podemos ajudar alguém a reencontrar confiança, enxergar propósito no cotidiano e acreditar em seu potencial. Podemos ser o ponto de virada silencioso na trajetória de quem precisa de apoio e direção. Liderar assim exige presença e intenção, mas também oferece algo raro: a chance de deixar marcas positivas que ultrapassam qualquer meta meramente técnica.

27 SEJA AUTÊNTICO, UMA QUALIDADE ALTAMENTE VALORIZADA PELAS NOVAS GERAÇÕES

"Quando a verdade é vivida com coragem, ela inspira."

Em 2020, o mundo dos negócios parou para ouvir uma fala inesperada. Satya Nadella, CEO da Microsoft, declarou em um evento global que havia passado parte da pandemia refletindo sobre suas fragilidades como líder. Disse que sentia que não bastava liderar com números, que era preciso mostrar vulnerabilidade, escutar mais e agir com empatia. A fala viralizou. E não apenas porque vinha de um dos homens mais poderosos da tecnologia global, mas porque vinha de alguém que escolheu ser real. Desde que assumiu a Microsoft, Nadella tem adotado uma cultura de autenticidade que mistura inteligência emocional, escuta ativa e valorização do erro como parte do processo. Não por acaso, a empresa passou a ser considerada uma das melhores do mundo para se trabalhar.

Esse tipo de exemplo mostra que autenticidade não é mais vista como um luxo emocional ou algo reservado ao campo da vida pessoal. É, hoje, uma competência estratégica de liderança. Especialmente para as novas gerações, autenticidade é um dos filtros principais na construção da confiança. A Geração Z, acostumada a ambientes hiperconectados e saturados de mensagens cuidadosamente editadas, reconhece com facilidade o que é *performance* e o que é presença genuína.

Autenticidade, nesse contexto, não significa expor tudo, nem falar sem filtro. Significa agir com alinhamento entre valores, discurso e conduta. Significa admitir falhas quando necessário, acolher dúvidas sem disfarce e construir segurança psicológica para que o time também possa ser quem é, sem medo de julgamento. Para os novos talentos, líderes autênticos não são os perfeitos, são os que assumem sua humanidade com clareza e responsabilidade. Vamos ver o relato de Eduardo que, com experiência de mais de 20 anos como líder, descobriu o poder da coragem em não ser perfeito o tempo todo.

RELATO REAL - EDUARDO E A CORAGEM DE NÃO SER PERFEITO

"Sempre achei que mostrar vulnerabilidade seria visto como fraqueza. Mas ao longo dos anos, aprendi que ser autêntico é uma das formas mais potentes de gerar conexão verdadeira com o time. Em 2023, durante uma reunião estratégica, compartilhei com meu time uma decisão errada que tomei no passado, e como aquilo me ensinou sobre escuta e humildade. Para minha surpresa, não houve julgamento. Houve respeito. Depois disso, outros colegas também se abriram. A partir dali, criamos um espaço mais seguro e mais leve para trabalharmos."

Eduardo, 56 anos, diretor de Operações em uma empresa do setor logístico.

Figura 27.1 Eduardo e sua demonstração de coragem.

O relato de Eduardo traz uma das verdades mais poderosas da liderança contemporânea: a autenticidade gera permissão emocional. Quando um líder assume sua humanidade, ele envia ao grupo a mensagem de que todos ali podem ser quem são. Isso não significa negligenciar o profissionalismo, mas abandonar o mito da infalibilidade. Ao contar sua própria história, Eduardo mostra que a autenticidade também se expressa na coragem de revisitar o passado, dividir aprendizados e mostrar-se em construção. E isso, para as novas gerações, é sinônimo de força.

Nossa recomendação é que você **seja autêntico, uma qualidade altamente valorizada pelas nova gerações**, e o Quadro de Ação a seguir propõe ações práticas para isso.

QUADRO DE AÇÃO

- ✓ Reconheça publicamente sua própria jornada. Compartilhe, com sensibilidade, momentos em que você aprendeu com erros, mudou de opinião ou precisou de ajuda. A vulnerabilidade bem dosada inspira confiança.
- ✓ Peça *feedback* com escuta ativa. Crie rituais em que sua equipe possa dar retorno sobre sua atuação como líder. Mostre que você não está buscando elogio, mas verdade. E esteja disposto a mudar.
- ✓ Atue com coerência entre o que diz e o que faz. Autenticidade não se sustenta sem consistência. Quando seus valores são verbalizados, mas não praticados, o time percebe. A congruência diária é seu maior trunfo.

Como dizia o filósofo dinamarquês Søren Kierkegaard, "a mais profunda forma de desespero é escolher ser alguém que não se é". Autenticidade, portanto, não é sobre se mostrar, é sobre se habitar. Liderar com autenticidade é recusar o papel de personagem e assumir o risco de estar inteiro, mesmo quando isso significa enfrentar dúvidas e sair da zona de conforto.

É possível que você tenha sido formado em um ambiente que valorizava o distanciamento emocional como sinal de autoridade. Mas o mundo mudou. E o que se espera de um líder, hoje, não é a imagem de perfeição, mas a disposição para ser real. A autenticidade não exige que você se exponha em excesso, mas que atue com verdade. Que fale com o que pensa, que aja com o que diz, e que se responsabilize por quem é.

Quando falamos de autenticidade de um líder, estamos falando também da relação de confiança entre a equipe, pois elas andam de mãos dadas. A ausência de confiança ocorre quando os membros da equipe não se sentem seguros para mostrar vulnerabilidade, admitir falhas, pedir ajuda ou reconhecer dificuldades. Essa barreira cria relações superficiais, impede a colaboração verdadeira e aumenta o desgaste emocional. Em contrapartida, quando há espaço para vulnerabilidade genuína, as equipes se tornam mais coesas, abertas e produtivas.

E isso começa pelo líder. O maior gesto que alguém em posição de liderança pode fazer para construir confiança é ser o primeiro a se mostrar vulnerável. Quando isso acontece de maneira sincera e não ensaiada, o efeito é transformador: cria-se um ambiente em que os outros também se sentem autorizados a serem autênticos. É nesse tipo de espaço que floresce a inovação, a escuta verdadeira e o senso de pertencimento. A autenticidade do líder, portanto, não é apenas um exemplo, é a fundação da cultura de confiança.

A autenticidade, como vimos, é muito mais do que uma característica pessoal: é um pilar da liderança contemporânea. Não estamos falando de vulnerabilidade performática nem de exposição sem critério. Estamos falando de coragem emocional.

De coerência entre o que se acredita e o que se pratica. De abandonar o papel do líder intocável e assumir o lugar do líder presente. As novas gerações valorizam essa presença, essa humanidade, esse desejo sincero de contribuir sendo quem se é.

Ser autêntico também implica em autoconhecimento. Significa se permitir olhar para dentro com honestidade e se apresentar para o mundo com integridade. Um líder que se conhece, que se aceita e que se comunica com clareza sobre seus valores e limites, cria um ambiente em que os outros também se sentem autorizados a fazer o mesmo. Esse tipo de cultura é mais leve, mais colaborativa e mais potente.

Se você lidera e sente que não sabe por onde começar, comece sendo honesto sobre isso. A autenticidade não vem da perfeição, mas da intenção sincera de ser melhor a cada dia. As novas gerações não estão buscando heróis infalíveis, estão buscando seres humanos comprometidos com a verdade, com o cuidado e com a construção de algo que realmente faça sentido.

28 FOQUE NAS PESSOAS E NOS PROCESSOS, ADAPTANDO SUA LIDERANÇA CONFORME AS DEMANDAS

"Façamos um exercício de lógica: faz sentido que você seja um líder que age sempre do mesmo modo independentemente do time que tem e do ambiente do qual faz parte? Infelizmente, muitos gestores têm essa perigosa conduta linear."

No capítulo anterior, vimos vários tipos de liderança. Focamos principalmente na liderança transformacional, pela sua importância na condução de atividades junto à Geração Z. Atrelada à ideia da necessidade de transformar a vida das pessoas para melhor está a demanda por líderes que consigam se ajustar a diferentes contextos. A esse fenômeno a literatura dá o nome **liderança situacional**.

O líder situacional é aquele que tem a capacidade de adaptar seu estilo de liderança de acordo com o nível de preparo, maturidade e necessidade dos membros da equipe em diferentes situações. Essa compreensão é importante para vermos que o sentido dessa liderança está diretamente atrelado ao time que está sendo liderado. A habilidade de adaptação do líder é muito valorizada atualmente pela soma de alguns fatores, quais sejam:

- ✓ **diversidade de perfis nas equipes** – os times são compostos de pessoas com diferentes níveis de experiência, motivação e estilos de trabalho, exigindo abordagens variadas;
- ✓ **dinamismo dos ambientes organizacionais** – mudanças constantes em estratégias, metas e contextos externos pedem flexibilidade por parte da liderança;
- ✓ **expectativas diferentes entre gerações** – especialmente com a presença da Geração Z, há uma demanda por líderes mais sensíveis, ágeis e ajustáveis às necessidades individuais;
- ✓ **necessidade de resultados sustentáveis** – alcançar metas de modo consistente requer equilíbrio entre direcionamento firme e apoio personalizado, o que só é possível com adaptação consciente.

Para que você possa **focar nas pessoas e nos processos, adaptando sua liderança conforme as demandas**, gostaríamos de propor o uso do consagrado modelo de Hersey e Blanchard de liderança situacional que, como já destacamos, sugere que o estilo de liderança mais eficaz depende da maturidade (ou prontidão) dos liderados, e não de um estilo único e universal.

O modelo se baseia em dois eixos: o grau de direção (foco em tarefa) e o grau de apoio (foco em relacionamento), resultando em quatro estilos principais, a saber:

- ✓ **no estilo 1 – Direção,** o líder oferece instruções claras e supervisão próxima, ideal para liderados iniciantes ou inseguros;
- ✓ **no estilo 2 – Orientação,** ainda há forte direcionamento, mas o líder também apoia e motiva, sendo útil para quem já tem alguma experiência, mas precisa de incentivo;
- ✓ **o estilo 3 – Apoio** foca menos em tarefas e mais no relacionamento, favorecendo liderados tecnicamente capazes, mas que precisam de confiança;
- ✓ **já o estilo 4 – Delegação** é aplicado quando o liderado tem alta competência e motivação, permitindo que o líder confie e entregue mais autonomia.

Esses quatro estilos, aplicados com sensibilidade, são essenciais para desenvolver equipes diversas e sustentáveis.

QUADRO DE AÇÃO – O MODELO DE HERSEY E BLANCHARD

Adote os quatro tipos de liderança situacional (direção, orientação, apoio e delegação) conforme o contexto dos liderados, tomando como base o modelo a seguir.

Quadro 28.1 Quatro tipos de liderança situacional

Estilo de liderança	Descrição	Quando aplicar
Direção (1)	Alta orientação para tarefa, baixa para relacionamento. O líder diz o que fazer, como e quando.	Quando o liderado é iniciante ou inseguro.
Orientação (2)	Alta orientação para tarefa e relacionamento. O líder ainda dirige, mas começa a ouvir mais.	Quando o liderado já conhece um pouco, mas ainda precisa de motivação e estrutura.

(continua)

(continuação)

Estilo de liderança	Descrição	Quando aplicar
Apoio (3)	Baixa orientação para tarefa, alta para relacionamento. O foco é motivar e escutar.	Quando o liderado tem capacidade técnica, mas está inseguro ou desmotivado.
Delegação (4)	Baixa orientação para tarefa e relacionamento. O líder confia e entrega autonomia.	Quando o liderado tem alta competência e alta motivação.

O relato deste capítulo ilustra o caso real de uma concessionária de veículos novos e seminovos, e traz os princípios do modelo de Hersey e Blanchard para mostrar, de maneira concreta, a diferença entre um gerente que aplicou a liderança situacional e outro que não soube se adaptar à Geração Z.

RELATO REAL - DOIS GERENTES, DOIS ESTILOS - E DOIS RESULTADOS DISTINTOS ENTRE JOVENS DA GERAÇÃO Z

Na mesma concessionária, atuam dois gerentes experientes: Rodrigo, com 18 anos de casa, e Márcia, com 13. Ambos lideram equipes que incluem jovens da Geração Z. Rodrigo, apesar do histórico de bons resultados, mantém um estilo único: direto, exigente e focado apenas em metas. Quando novos vendedores entraram, repetiu o padrão: cobranças intensas e pouco espaço para diálogo. O resultado foi desmotivação, pedidos de transferência e demissões. Para ele, "essa geração é fraca". Já Márcia percebeu o perfil mais inexperiente dos jovens e se adaptou. Com quem estava começando, adotou o estilo Direção, acompanhando de perto e orientando nos processos. À medida que ganhavam confiança, migrou para Orientação, equilibrando estrutura e incentivo. Com uma vendedora mais madura, aplicou o estilo Delegação, confiando-lhe projetos internos. O impacto foi evidente: aumento no desempenho, engajamento e retenção. Uma das jovens foi, inclusive, promovida recentemente.

Figura 28.1 Registro do sucesso do time de Márcia.

Liderar bem, hoje, não é apenas repetir boas práticas do passado, mas saber interpretar contextos, escutar com atenção e ajustar rotas com consciência. A presença crescente da Geração Z nos ambientes de trabalho exige dos líderes essa capacidade de leitura e adaptação.

Não se trata de abrir mão da direção ou dos resultados, mas de reconhecer que cada pessoa, especialmente nas primeiras etapas da carreira, demanda um tipo específico de apoio, estímulo e espaço. A liderança situacional, quando aplicada com discernimento, transforma esse desafio em oportunidade.

É por isso que afirmamos: adaptar-se não é sinal de fraqueza, mas de força estratégica. A Geração Z responde com entusiasmo a líderes que oferecem direção quando necessário, apoio quando é preciso e autonomia quando ela pode florescer.

E quando isso acontece, os resultados aparecem – não apenas em metas batidas, mas em equipes mais motivadas, comprometidas e preparadas para o futuro. O papel do líder é também o de formar pessoas. E fazer isso com sensibilidade situacional é uma das maiores potências que a liderança contemporânea pode exercer.

Fechamos este capítulo com a convicção de que ao compreender o modelo de liderança situacional você poderá reagir muito melhor às mudanças que observa em seu ambiente de trabalho. Quando os resultados começarem a vir muito acima da média você, muito provavelmente, confiará no método e o passará adiante.

29 DESENVOLVA COMPETÊNCIAS TÉCNICAS E *SOFT SKILLS* ESSENCIAIS PARA LIDERAR DE MODO EFICAZ

"As habilidades que trouxeram você até aqui não são, necessariamente, as que o levarão adiante."

Iniciemos com um caso clássico que possivelmente você conhece. Na década de 1970, um engenheiro da Kodak chamado Steve Sasson inventou a primeira câmera digital. Ao apresentar o protótipo à liderança da empresa, ouviu a seguinte resposta: "Isso é interessante, mas não conte a ninguém sobre isso". A Kodak, à época, líder absoluta do mercado de filmes fotográficos, decidiu ignorar a tecnologia que ela mesma criou, com medo de que o novo produto canibalizasse suas vendas tradicionais. O resultado veio décadas depois: empresas mais adaptáveis, como Canon e Sony, dominaram o mercado digital. E a Kodak, que já foi símbolo global de inovação, entrou com pedido de falência em 2012 (a marca mudaria, mais tarde, seu ramo de atividade).

Essa história, muito famosa, é mais do que um alerta sobre tecnologia. Ela é uma lição profunda sobre a dor de resistir ao próprio desenvolvimento. A Kodak não caiu por falta de recursos ou de talento, caiu porque seus líderes se apegaram ao que sabiam, e se recusaram a aprender o que era necessário. E esse é, talvez, o erro mais perigoso que um líder pode cometer em qualquer tempo: acreditar que já sabe o suficiente.

Em 2019, um levantamento do Fórum Econômico Mundial revelou que mais da metade dos profissionais do mundo precisaria desenvolver novas habilidades nos cinco anos seguintes para se manterem relevantes. Essa previsão se confirmou de forma ainda mais acelerada após a pandemia, com o advento da IA, o crescimento do trabalho remoto e as novas exigências comportamentais trazidas pelas gerações mais jovens. Nunca foi tão essencial para um líder reunir, em uma mesma atuação, o domínio de ferramentas e processos, com a capacidade de comunicar, inspirar, decidir com empatia e promover ambientes saudáveis.

Na pesquisa *The State of Organizations* 2023, da McKinsey & Company, as empresas mais bem posicionadas para crescer são aquelas que investem em lideranças que conciliam *hard* (habilidades técnicas), *soft skills* (habilidades comportamentais) e *human skills* (habilidades que enfatizam a conexão humana), ou seja, não basta saber os números, é preciso ler pessoas. Não basta dominar processos, é preciso cuidar de dinâmicas relacionais. A liderança do presente é multidimensional. Vamos ver o relato de Alexandre (pseudônimo), um líder experiente que percebeu a importância de se mudar para permanecer.

RELATO REAL – ALEXANDRE E SUA MUDANÇA NA GESTÃO

"Atuo como gerente de projetos há 10 anos. Sempre fui reconhecido por entregar resultados, cumprir prazos e entender os aspectos técnicos dos processos. Mas, nos últimos anos, percebi que isso não era mais suficiente. Minha equipe não precisava apenas de direção, mas de apoio emocional, de sensibilidade, de escuta. Foi então que decidi me inscrever em um curso de liderança humanizada e começar terapia. Nunca me senti tão preparado para lidar com pessoas como agora. Hoje, minha equipe é mais madura, mais confiante, mais engajada. E eu sou um líder mais inteiro."

Alexandre, gerente de projetos.

Figura 29.1 Liderança de Alexandre.

O relato real de Alexandre traduz uma mudança importante: liderar não é apenas mobilizar competências técnicas, mas integrar habilidades humanas. Em um mundo em que tudo muda o tempo todo, ser bom tecnicamente é essencial, mas ser relacionalmente competente é o que sustenta a liderança a longo prazo. Alexandre mostra que desenvolver-se emocionalmente não diminui sua autoridade, pelo contrário: amplia seu alcance, aprofunda suas relações e gera um ambiente mais propício ao aprendizado e à inovação.

As novas gerações valorizam profundamente essa versatilidade relatada por Alexandre. Para a Geração Z, um bom líder não é aquele que sabe tudo, mas aquele que sabe aprender. Que se atualiza, que pede ajuda, que busca formação constante. E que, acima de tudo, demonstra competências humanas: escuta, empatia, capacidade de dar *feedbacks* construtivos, gestão emocional e abertura para lidar com a diversidade. Líderes que se recusam a desenvolver essas habilidades tendem a perder conexão com seus times e, com o tempo, sua relevância.

Vamos ver, no Quadro de Ação a seguir, práticas para que você **desenvolva competências técnicas e *soft skills* essenciais para liderar de modo eficaz.**

QUADRO DE AÇÃO

- ✓ Mapeie suas zonas de conforto e desafio. Identifique quais competências você já domina e quais tem evitado desenvolver. Para isso, utilize ferramentas conhecidas como testes de personalidades (MBTI, Big Five, DISC, âncoras de carreira entre outros). Além disso, peça *feedbacks* honestos e construa um plano de desenvolvimento prático.
- ✓ Estude tanto pessoas quanto processos. Reserve tempo para se atualizar em ferramentas técnicas, mas também para estudar temas como comunicação não violenta, liderança empática e inteligência emocional. Aprender sobre gente é tão estratégico quanto aprender sobre números.
- ✓ Pratique aprendizados em contextos reais. Toda competência só se consolida na ação. A cada novo conhecimento, escolha um comportamento para colocar em prática com sua equipe e peça retorno. Líderes eficazes aprendem fazendo.

Uma ferramenta eficaz para guiar o desenvolvimento de líderes é a Matriz 70:20:10. Ela sugere que o aprendizado eficaz acontece 70% por meio de experiências práticas, 20% por meio de *feedbacks* e interações sociais, e 10% por meio de cursos e formação formal.

Aplicá-la na rotina de liderança requer intencionalidade. Por exemplo, ao participar de um curso sobre gestão de conflitos e aprender sobre a escuta ativa (10%), o líder pode, em seguida, praticar essa escuta ativa em reuniões com sua equipe (70%) e solicitar *feedbacks* sobre como sua postura foi percebida (20%). Essa abordagem permite que o aprendizado seja vivido em diferentes camadas, com reflexões contínuas e alinhadas ao cotidiano real do líder.

Além disso, a matriz ajuda a corrigir um erro comum: a supervalorização da teoria desconectada da prática. Muitos líderes acumulam certificados, mas não criam oportunidades para aplicar os conceitos no dia a dia. A Matriz 70:20:10 nos lembra que a excelência está menos na sala de aula e mais no ambiente de trabalho, em que o conhecimento se transforma em competência.

Desenvolver-se como líder é aceitar que a formação é permanente. Em um mundo em que os desafios se transformam com velocidade, os líderes mais eficazes não são os que sabem tudo, mas os que se mantêm aprendendo. Competências técnicas e habilidades socioemocionais não são opostas, mas complementares. Uma sem a outra gera desequilíbrio, distanciamento ou ineficiência.

As novas gerações não esperam perfeição dos seus líderes, mas esperam intencionalidade. Querem ver esforço real, compromisso com o autodesenvolvimento, humildade para aprender e coragem para se transformar. Nesse processo, o líder não apenas melhora seus resultados, mas se torna um modelo inspirador.

Portanto, se você quer liderar com mais impacto, comece sendo seu primeiro projeto de desenvolvimento. Atualize suas ferramentas, refine sua escuta, amplie sua empatia. O mundo do trabalho precisa cada vez mais de líderes tecnicamente preparados e humanamente confiáveis. E essa jornada começa com uma escolha: a de seguir aprendendo, sempre.

E lembre-se: "não é a força, nem a inteligência, mas a capacidade de se adaptar que determina quem sobrevive" (Charles Darwin).

30 ADAPTE-SE ÀS RELAÇÕES HUMANAS, PROMOVENDO FLEXIBILIDADE E INCLUSÃO

"O verdadeiro poder de uma liderança não está no controle que ela exerce, mas na capacidade de se adaptar com humanidade ao que o outro precisa para atingir seu máximo potencial."

Em 2014, a multinacional Salesforce descobriu, após uma auditoria interna, que havia disparidades salariais entre homens e mulheres ocupando funções equivalentes dentro da empresa. A decisão da liderança foi direta: investir milhões de dólares para corrigir as desigualdades imediatamente. Mas a mudança não parou aí. A empresa adotou ações estruturantes de inclusão, como revisão de processos de recrutamento, mentorias com foco em equidade e políticas explícitas de flexibilidade para grupos sub-representados. Com isso, não apenas fortaleceu sua reputação global como empregadora, mas também aumentou o engajamento, a inovação e a produtividade dos seus funcionários.

Esse caso real exemplifica o que muitos líderes ainda resistem em aceitar: a inclusão e a flexibilidade não são bônus, e sim estratégia. As novas gerações não enxergam diversidade como uma moda passageira e nem flexibilidade como uma vantagem extra para um grupo seleto. Para elas, esses são critérios éticos e práticos para decidir se farão parte e permanecerão em determinada organização.

Relações humanas no trabalho não são mais apenas um tema do departamento de Recursos Humanos ou para os mais novos, o do Departamento de Gente. Elas são um diferencial competitivo. Dados do relatório Deloitte Global Human Capital Trends mostram que empresas com ambientes mais inclusivos e flexíveis têm 6 vezes mais chances de serem inovadoras e 8 vezes mais chances de atingirem bons resultados. A Geração Z, em especial, valoriza autenticidade, respeito e diversidade como princípios inegociáveis.

Líderes que não se adaptam a essa realidade correm o risco de perder talentos, minar o clima organizacional e comprometer a imagem da empresa. A liderança eficaz hoje passa por criar espaços em que todos possam contribuir sendo quem são.

Isso exige escuta ativa, abertura ao novo e, muitas vezes, a humildade de rever o próprio lugar de privilégio. Vamos ver o relato de Cláudio, um gestor da área da Saúde que conseguiu perceber a necessidade de mudança no ambiente.

RELATO REAL – CLÁUDIO E A PROMOÇÃO DA INCLUSÃO

"Eu era daqueles gestores que confundiam inclusão com 'tratar todo mundo igual'. Mas percebi que tratar igual pode ser injusto quando as pessoas têm pontos de partida diferentes. Em 2022, uma colaboradora neurodivergente do meu time me pediu uma pequena adaptação: poder manter fones de ouvido enquanto trabalhava, para se concentrar. Aquilo me fez repensar tudo. Conversei com o RH, busquei entender mais e fui ajustando o time aos poucos. O ambiente ficou mais acolhedor para as pessoas. Percebi que, quando a gente flexibiliza com intenção, a inclusão deixa de ser discurso e vira cultura."

Cláudio, 65 anos, gerente de Operações em empresa da área da Saúde.

Figura 30.1 Cláudio em reunião periódica.

O exemplo de Cláudio mostra como a escuta e a adaptação são práticas fundamentais da liderança inclusiva. Como algumas pessoas acreditam, flexibilizar não é renunciar à *performance* e à busca por resultados, é criar as condições para que isso aconteça de modo mais justo e sustentável. E, ao contrário do que muitos pensam, incluir não significa perder autoridade, significa ganhar legitimidade.

Essa postura do gerente de Operações Cláudio evidencia algo fundamental: liderar relações humanas exige mais do que empatia, exige intenção contínua. Ele não apenas escutou, mas redesenhou rotinas. Não apenas reconheceu a diferença, mas a valorizou como ativo estratégico para sua equipe e para a organização como um todo. É exatamente isso que as novas gerações esperam de suas lideranças, que elas tenham atitudes que traduzam respeito concreto, políticas que transformem palavras em ação e uma escuta que não se encerre em um momento, mas que se renove continuamente em cada decisão cotidiana.

É fundamental que o líder **se adapte às relações humanas, promovendo flexibilidade e inclusão**; por isso, o Quadro de Ação a seguir apresenta ações práticas que podem contribuir com esse processo.

QUADRO DE AÇÃO

- ✓ Pratique a escuta ativa com todos os membros do time. Pergunte, com sinceridade: "o que eu posso ajustar para que seu trabalho flua melhor?". A inclusão começa com o interesse real pelas necessidades do outro.
- ✓ Adapte regras sem perder valores. Flexibilizar horários, formatos ou rotinas não enfraquece a liderança, fortalece a confiança. Mantenha os princípios, mas questione as rigidezes desnecessárias.
- ✓ Invista em letramento sobre diversidade. Participe de formações, leia, promova rodas de conversa. Inclusão exige intencionalidade. Quanto mais você aprende, mais genuína será sua atuação como líder.

Como nos lembra o sociólogo contemporâneo Boaventura de Sousa Santos, "não há justiça sem reconhecimento da diversidade". A flexibilidade e a inclusão são práticas de justiça cotidiana. Elas rompem com a lógica da homogeneização e convidam os líderes a lidar com a diferença como fonte de potência, não de ameaça.

Adaptar-se às relações humanas é compreender que ninguém é neutro, todos carregamos histórias, afetos, medos e esperanças. E liderar com sensibilidade é estar disposto a ajustar o ambiente, não a exigir que todos se ajustem a ele.

Liderar hoje é, mais do que nunca, um exercício de empatia aplicada. É entender que as pessoas são diversas, os contextos são fluidos e as respostas prontas não funcionam mais. A flexibilidade virou pré-requisito. E a inclusão, compromisso ético.

As novas gerações não querem ambientes "tolerantes", querem espaços em que possam florescer com liberdade e respeito. Ambientes em que a individualidade é bem-vinda, e a diversidade, celebrada.

Se você deseja ser um líder relevante, comece por uma pergunta: quem tem ficado calado à sua volta? A resposta a essa pergunta pode ser o início da mudança. Uma liderança inclusiva não começa com grandes programas, mas com pequenos gestos, que reconhecem, acolhem e adaptam.

31 ATENTE-SE AO RISCO DE LIDERANÇA TÓXICA, ESPECIALMENTE EM AMBIENTES SENSÍVEIS

*"Atenção! **Nem todo tipo de liderança é positiva**. Nem todo líder faz bem aos seus liderados. Há líderes que deixam severos efeitos colaterais por onde passam. O nome disso é **liderança tóxica**."*

Associamos, em geral, o termo "liderança" a algo positivo. Quando mencionamos que os líderes cuidam das pessoas para que juntas alcancem objetivos, isso fica ainda mais claro.

No entanto, como vimos no Capítulo 24, uma das definições clássicas de liderança menciona que o líder influencia pessoas para o alcance de objetivos. Esse significado nos leva à seguinte interpretação: essa forma de **influência** pode ser positiva, e é o que se espera, mas também pode ser negativa! Na primeira aula da disciplina de Liderança é comum que os professores apresentem, **propositalmente**, Adolf Hitler, Benito Mussolini e Josef Stalin como líderes. Essa é uma maneira de esclarecer alguns conceitos sobre liderança logo no início dos cursos.

Como sabemos, esses são exemplos de ditadores que fizeram parte do contexto da Segunda Guerra Mundial (1935-1954). Infelizmente são exemplos **negativos** de indivíduos que lideraram exércitos e verdadeiros massacres.

Dentro desse contexto, por qual razão parte da literatura aponta esses indivíduos como líderes? A resposta é conceitualmente simples. Porque eles de fato conseguiram, em dados momentos, influenciar pessoas para o alcance de seus objetivos. Entretanto, estamos falando de um tipo bastante específico de liderança negativa: a denominada **liderança tóxica**.

Liderança tóxica é aquela que, embora exerça influência, o faz de maneira que causa danos emocionais, psicológicos e/ou físicos às pessoas envolvidas. Trata-se de um estilo de liderança marcado por autoritarismo, manipulação, controle excessivo, desvalorização do outro e foco desproporcional em metas a qualquer custo.

Líderes tóxicos podem até alcançar resultados a curto prazo, mas deixam um rastro de desgaste, medo, adoecimento e desengajamento. Em vez de promover crescimento e desenvolvimento, cultivam ambientes inseguros, em que o medo substitui o respeito e o silêncio toma o lugar do diálogo.

Um estudo do *MIT Sloan Management Review* revelou que a cultura tóxica foi o fator mais forte para a rotatividade de funcionários durante o período conhecido como "Grande Renúncia", sendo dez vezes mais preditivo do que a remuneração. Vale lembrar que o período de Grande Renúncia (ou *The Great Resignation*, em inglês) se refere a um fenômeno observado especialmente a partir de 2021, nos EUA e depois em outros países, no qual milhões de trabalhadores pediram demissão voluntariamente de seus empregos em busca de melhores condições de vida e trabalho. A pandemia de COVID-19 foi o gatilho principal desse movimento.

Podemos interpretar, com base nesse estudo, que o clima organizacional, especialmente no que se refere à relação com o superior hierárquico, vem demonstrando ser mais relevante do que a própria remuneração para a continuidade no emprego. Esse é um dado muito importante para destacarmos a importância de você evitar ter características que são marcantes entre os líderes tóxicos, como as seguintes:

- ✓ **Controla pelo medo** – cria um ambiente de tensão constante, com ameaças veladas, punições frequentes e clima de insegurança. As pessoas agem por temor, não por engajamento.
- ✓ **Desvaloriza e silencia a equipe** – ignora ideias, minimiza conquistas alheias, desmotiva iniciativas e monopoliza a voz, gerando sentimentos de invisibilidade e impotência.
- ✓ **Foca apenas em metas, ignorando pessoas** – persegue resultados a qualquer custo, mesmo que isso comprometa o bem-estar, a saúde mental e os relacionamentos no time.
- ✓ **Exerce favoritismo e cria divisões** – trata membros da equipe com critérios desiguais, gera rivalidade e estabelece um ambiente competitivo nocivo, em que confiança e colaboração são corroídas.

Lideranças tóxicas têm, infelizmente, efeitos profundos e duradouros sobre os profissionais e as organizações. Pesquisas mostram que ambientes de trabalho abusivos estão diretamente associados ao aumento do estresse, à perda de autoestima, à diminuição da produtividade e ao maior índice de rotatividade.

Segundo estudo publicado pela Harvard Business School, líderes tóxicos não apenas reduzem o desempenho individual, mas também contaminam o clima organizacional como um todo, gerando ciclos de medo, desengajamento e evasão de talentos, ou seja, o impacto ultrapassa os indicadores imediatos: compromete a saúde emocional dos colaboradores e enfraquece a cultura da empresa a longo prazo.

Embora muitas empresas estejam investindo em ambientes mais inclusivos, colaborativos e saudáveis, ainda é comum encontrar contextos marcados por lideranças autoritárias e práticas ultrapassadas. A cultura do medo, do controle excessivo e da cobrança desumanizada persiste em algumas organizações, especialmente quando o resultado é valorizado acima de qualquer outro indicador.

Essa abordagem, além de ineficaz a longo prazo, é especialmente danosa para profissionais das novas gerações, que buscam propósito, escuta ativa e equilíbrio emocional no trabalho. O caso de Lara, a seguir, ilustra com precisão os impactos de um ambiente tóxico para quem está começando a carreira.

RELATO REAL – A EXPERIÊNCIA DE LARA EM UM AMBIENTE TÓXICO

"Meu primeiro emprego foi em uma *startup* promissora, cheia de gente jovem e cheia de ideias. Entrei empolgada, com vontade de aprender e contribuir. Mas logo percebi que algo estava errado. O diretor da área era o tipo de líder que parecia adorar o medo. Ele gritava em reuniões, expunha erros na frente de todos, dizia que 'gente sensível não serve para crescer'. Quando alguém tentava propor algo novo, ele cortava: 'Não vem reinventar a roda'. Eu e meus colegas da Geração Z, que valorizamos escuta, inclusão e ambientes respeitosos, nos sentíamos sufocados. Houve semanas em que eu não conseguia dormir direito. Vi amigos brilhantes pedirem demissão. Eu aguentei seis meses. Saí porque percebi que, mais do que metas inalcançáveis, o que destruía nosso potencial era a maneira como éramos tratados. Depois, entendi: aquilo era uma liderança tóxica. E ela não destrói só resultados – ela destrói pessoas."

Lara, 24 anos, analista de Marketing Digital.

Figura 31.1 Liderança tóxica.

Por essas razões, **atente-se ao risco de liderança tóxica, especialmente em ambientes sensíveis.** Veja, com base no Quadro 31.1 a seguir, se você está muito próximo de exercer uma liderança tóxica ou não. Esse diagnóstico é fundamental para o sucesso de sua liderança.

QUADRO DE AÇÃO - DIAGNÓSTICO DE LIDERANÇA TÓXICA

Responda às seguintes questões que podem remeter à liderança tóxica:

Quadro 31.1 Questões de diagnóstico sobre liderança tóxica

Dimensão	Pergunta reflexiva
1. Comunicação	Tenho o hábito de ouvir ativamente minha equipe ou costumo interromper e impor minhas ideias?
2. *Feedback*	Meus *feedbacks* são construtivos, respeitosos e focados no comportamento ou são generalistas, agressivos ou humilhantes?
3. Carga emocional	Já ouvi que minha equipe tem medo de mim ou evita conversar comigo sobre dificuldades?
4. Reconhecimento	Celebro os acertos e avanços ou apenas chamo atenção quando algo dá errado?
5. Autocrítica	Costumo refletir sobre meu estilo de liderança e buscar melhorar com base no retorno da equipe?
6. Ambiente de trabalho	Meu time demonstra motivação e bem-estar no dia a dia ou já presenciei sinais de exaustão, desânimo ou afastamentos frequentes?
7. Delegação e confiança	Dou autonomia à equipe conforme a maturidade de cada um ou centralizo tudo e controlo cada detalhe?
8. Relações interpessoais	Já critiquei ou expus alguém na frente de outros? Ou sempre busco corrigir de forma privada e empática?
9. Inclusão e escuta	Crio espaços reais para escutar sugestões e opiniões ou costumo ignorar propostas por achar que "já sei o melhor caminho"?
10. Propósito	Costumo explicar o porquê das metas e conectar o trabalho ao propósito maior da área? Ou apenas cobro números sem contexto?

Se a maioria das respostas indica escuta, respeito e evolução contínua: você está no caminho de uma liderança saudável e humanizada. Continue se observando e aprendendo com seu time!

Se muitas respostas revelam controle, agressividade ou falta de diálogo: atenção! Pode haver traços de liderança tóxica, que prejudica tanto a equipe quanto seu próprio desenvolvimento como líder. Esse é o momento de mudar, com coragem e humildade.

Devemos lembrar que todo o líder corre o risco de ser tóxico. O assunto fica ainda mais sensível quando entramos na pauta do assédio moral, que ocorre quando esse comportamento ultrapassa certos limites e passa a ser repetitivo, sistemático e humilhante, afetando a dignidade, a saúde mental ou o ambiente de trabalho da pessoa. Efeitos como pedidos de demissão, *burnout*, desengajamento no trabalho são comuns nesses casos que, infelizmente, podem trazer consequências ainda mais graves para as vítimas.

Liderança tóxica não é apenas um desvio de conduta – é um sistema de relações corroídas que mina a segurança emocional, suprime o potencial e fragiliza a confiança mútua. Para a Geração Z, que já chega ao mercado com maior grau de consciência sobre saúde mental, escuta ativa e propósito, esse tipo de liderança é insustentável.

Os jovens não silenciam: eles se afastam. Se demitem emocionalmente muito antes de pedirem desligamento formal. E, quando vão embora, levam consigo mais do que habilidades técnicas: levam sua criatividade, seu senso crítico e seu desejo de fazer a diferença.

Romper com padrões tóxicos de liderança é um desafio – especialmente quando eles foram, por muito tempo, confundidos com "exigência" ou "autoridade". Mas há um convite irrecusável para quem deseja, de fato, liderar com relevância: olhar com coragem para os próprios traços, revisar atitudes e construir ambientes em que o cuidado seja uma estratégia, não um discurso. A Geração Z, com sua sensibilidade aguçada para coerência e respeito, pode estar nos oferecendo uma régua mais humana e inteligente de liderança. E seguir por esse caminho, embora difícil, te ajudará a transformar pessoas e organizações.

32 RECONHEÇA QUE AS PESSOAS, ESPECIALMENTE AS NOVAS GERAÇÕES, BUSCAM PROPÓSITO E MOTIVAÇÃO

"Trabalhar com um porquê claro transforma tarefas em missões."

Em setembro de 2022, durante uma entrevista amplamente divulgada, Serena Williams compartilhou os motivos que a levaram a se afastar do circuito profissional de tênis. Ela afirmou que, após anos colecionando títulos, percebia que seu propósito havia se deslocado. Mais do que continuar vencendo em quadra, queria usar sua energia para criar impacto social, cuidar de sua filha e investir em mulheres empreendedoras. Sua decisão foi um ato de coragem, pois ela decidiu renunciar à glória das quadras para seguir um chamado que, para ela, era mais profundo. E, ao fazer isso, ela inspirou milhões de pessoas a refletirem sobre o verdadeiro sentido de suas próprias jornadas.

Essa história nos convida a compreender um tema que está no centro das transformações no mundo do trabalho: a busca por propósito e motivação, especialmente entre as novas gerações. O que move as pessoas não é apenas o que elas fazem, mas porque fazem. Trabalhar apenas para cumprir tarefas ou bater metas não sustenta mais o engajamento. É o sentimento de estar contribuindo para algo maior, de fazer parte de uma causa ou de uma transformação, que desperta energia, criatividade e lealdade.

Segundo pesquisa da Deloitte, mais de 75% da Geração Z prefere trabalhar em empresas que estejam alinhadas com seus valores pessoais. Isso não significa que todos querem salvar o mundo, mas sim que desejam enxergar significado no que fazem. Essa geração não separa mais quem é no trabalho de quem é fora dele. E, para permanecer em uma organização, precisam acreditar que estão ajudando a construir algo com sentido.

Para os líderes, isso representa um convite e um desafio. Não basta motivar com metas, bonificações ou discursos prontos. É preciso ajudar as pessoas a conectarem o que fazem com o que acreditam. É preciso cultivar uma liderança que traduza o cotidiano em valor, que relembre propósitos quando a rotina endurece, e que reconheça que o que mantém as pessoas de pé não é o cargo que ocupam, mas a história que contam para si mesmas sobre o que estão construindo ali. Vejamos o relato real da Cláudia (pseudônimo) sobre o aumento da motivação na sua equipe com pequenas mudanças.

RELATO REAL - CLÁUDIA E A MELHORA NA MOTIVAÇÃO DA EQUIPE

"Sempre tive uma equipe comprometida, mas depois de um tempo percebi que eles executavam as tarefas sem brilho nos olhos. Em uma conversa, um dos meus analistas me disse: 'Eu faço o que tem que ser feito, mas não sei exatamente o porquê'. Aquilo me tocou profundamente. Comecei a incluir, nas nossas reuniões, espaços para lembrar por que nosso trabalho é importante, para quem ele impacta. Trouxe clientes para conversar com o time, compartilhei histórias reais de transformação. Aos poucos, vi um novo clima surgir: mais colaboração, mais entusiasmo, mais sentido. Não só a motivação, mas os resultados da equipe também aumentaram."

Cláudia, 63 anos, gerente em uma organização do terceiro setor.

Figura 32.1 Cláudia e o propósito.

O relato de Cláudia é valioso porque revela um caminho possível e acessível. Não se trata de discursos motivacionais vazios, mas de ajudar as pessoas a enxergarem a relevância do que fazem. Em tempos de sobrecarga, pressão e urgências, o propósito funciona como uma âncora emocional. E o papel do líder é, justamente, manter essa âncora visível. Mostrar que cada tarefa, por mais operacional que pareça, contribui para algo maior.

Ao transformar suas reuniões em espaços de reconexão com o propósito, Cláudia fez mais do que melhorar o clima organizacional: ela ativou um poderoso motor de engajamento interno. Quando as pessoas compreendem o impacto do seu trabalho, elas passam a se sentir parte de uma narrativa de valor, não apenas de uma lista de tarefas. Isso não apenas alimenta a motivação intrínseca, como também fortalece os vínculos de confiança e colaboração. O gesto de trazer clientes reais para dialogar com a equipe é um exemplo simples, mas profundo, de como traduzir impacto em pertencimento.

Vamos ver, no Quadro de Ação a seguir, práticas para que você **reconheça que as pessoas, especialmente as novas gerações, buscam propósito e motivação**.

QUADRO DE AÇÃO

- ✓ Traduza o impacto do trabalho para a realidade das pessoas. Em vez de falar de metas e indicadores, conte histórias. Mostre quem é beneficiado, o que muda, o que é transformado pelo trabalho da equipe.
- ✓ Demonstre alinhamento entre discurso e ação. O time só vai acreditar no propósito se o líder viver aquilo que defende. Não basta falar de valores, é preciso encarnar os valores no dia a dia. Seja autêntico!
- ✓ Crie espaços de escuta sobre o que move cada pessoa. Motivação é pessoal. Converse com cada membro da equipe sobre seus objetivos, sonhos e expectativas. Isso permite conexões mais humanas e ajustes mais inteligentes de papel e desafios.

Em seu livro *Em Busca de Sentido*, o psiquiatra Viktor Frankl, sobrevivente de campos de concentração nazistas como Auschwitz e outros, afirma que ter um propósito na vida é fundamental para sustentar a alma mesmo nos piores momentos. Nos campos de concentração, enquanto via pessoas sucumbindo ao desespero, ele percebeu que quem tinha algo pelo que viver, como um filho ou um grande projeto a concluir, resistia mais.

Essa ideia de que quem tem um porquê enfrenta qualquer como, também presente no pensamento do filósofo Friedrich Nietzsche, é potente em qualquer contexto, e ganha ainda mais força no ambiente organizacional contemporâneo. Em meio às mudanças rápidas e aos desafios constantes, os líderes que ajudam suas equipes a encontrarem seu "porquê" se tornam faróis de clareza, estabilidade e inspiração.

Trazer sentido para o trabalho é uma competência essencial para o líder que busca influenciar as novas gerações. Em tempos de escassez de engajamento, cultivar propósito é uma das mais eficazes estratégias de retenção e desempenho.

Liderar com propósito é, acima de tudo, liderar com intencionalidade. Trata-se de lembrar, todos os dias, que pessoas não precisam trabalhar apenas por dinheiro, mas também por propósito. Muitas delas desejam contribuir, aprender, crescer e fazer parte de algo maior. Ao identificar o que move cada indivíduo, o líder pode moldar oportunidades, delegar tarefas com mais sentido e até redesenhar funções para alinhar aspirações pessoais com as metas organizacionais.

Isso exige presença ativa do líder, não apenas nas reuniões formais, mas nas interações cotidianas, nas perguntas que faz, na escuta atenta. Perguntar "o que está fazendo sentido para você ultimamente?" pode abrir portas que indicadores de desempenho jamais conseguirão. E ao reconhecer pequenas conquistas ligadas a esse propósito, o líder reforça que o trabalho vai além do operacional, pois ele gera valor, para os outros e para quem o realiza.

As novas gerações trouxeram esse tema para o centro da mesa. Não basta um bom salário, é preciso um bom motivo. E cabe aos líderes ajudarem suas equipes a construírem esses motivos, de forma realista, coerente e inspiradora. Portanto, se você deseja manter talentos por perto e cultivar um ambiente de alta *performance*, comece ajudando seu time a responder a uma simples e poderosa pergunta: "**Por que o que você faz importa?**".

33 GERENCIE EQUIPES INTERGERACIONAIS, APROVEITANDO A DIVERSIDADE PARA ALCANÇAR RESULTADOS

"Times compostos por diferentes gerações podem ser mais desafiadores – mas também muito poderosos."

Hoje, muitas empresas reúnem em seus times até quatro gerações diferentes: *Baby Boomers*, Geração X, *Millennials* e Geração Z. Cada uma carrega marcas do tempo em que cresceu, das cartas escritas à mão à Inteligência Artificial. Cada uma tem seus valores, expectativas e estilos de trabalho distintos. E, embora isso possa gerar atritos, também é uma fonte de riqueza.

Segundo o relatório *Fixing the Divide: making the multigenerational workforce work for all*, da American Association of Retired Persons (AARP), empresas que promovem a inclusão etária relatam benefícios como maior engajamento, produtividade, retenção de talentos e melhora na reputação da marca. Além disso, um estudo da Boston Consulting Group aponta que empresas com equipes de liderança mais diversas, em termos de idade, gênero e experiência, apresentam receitas de inovação 19% superiores à média.

Isso acontece porque diferentes idades representam diferentes modos de pensar, comunicar, resolver problemas e enxergar o mundo. Um líder atento entende que o segredo está em combinar essas forças, não em nivelá-las.

Contudo, gerenciar esse tipo de diversidade exige mais do que boas intenções. É preciso quebrar estereótipos, como a ideia de que jovens são imaturos ou que os mais velhos são resistentes a mudanças. Também é necessário criar um ambiente de respeito mútuo, em que cada pessoa possa contribuir com o melhor de si independentemente da idade que tem.

Vamos ver o relato de Renato (pseudônimo), diretor de Operações, que nos mostra como conseguiu integrar uma jovem analista de 24 anos e seu experiente gestor de 45 anos.

RELATO REAL - RENATO E A VISÃO DA DUPLA PERFEITA

"Durante muito tempo, eu achava que precisava 'traduzir' os mais jovens para os mais velhos e vice-versa. Até que entendi que o papel do líder não é intermediar, mas criar pontes. Em um projeto recente, coloquei uma dupla para cocriar: uma analista de 24 anos e um gerente de 45. No começo, houve atrito, estilos e ritmos diferentes. Mas à medida que foram se escutando, nasceu algo incrível. A jovem trouxe ideias ousadas, o gerente trouxe estrutura. Hoje, eles dizem que aprenderam mais um com o outro do que em qualquer curso de formação."

Renato, 48 anos, diretor de Operações em uma empresa do setor logístico.

Figura 33.1 Apoio intergeracional.

O relato de Renato mostra que liderar times diversos exige confiança no processo de aprendizagem mútua. Não se trata de forçar uma convivência artificial, mas de criar oportunidades reais de colaboração. O líder que promove interações significativas entre gerações permite que preconceitos caiam por terra e novas sinergias floresçam. A escolha de Renato em unir duas pessoas tão diferentes intencionalmente, confiando na potência do diálogo entre perspectivas contrastantes, revela um estilo de liderança que compreende que a diversidade de experiências não é um obstáculo, mas um ativo estratégico. Além disso, demonstra que o papel do líder moderno não é ser o elo entre os extremos, mas o arquiteto de espaços onde os opostos aprendem a se complementar e se desenvolver juntos.

Integrar diferentes gerações pode não ser tarefa fácil, por isso, trouxemos no Quadro de Ação a seguir práticas para que você **gerencie equipes intergeracionais, aproveitando a diversidade para alcançar resultados.**

QUADRO DE AÇÃO

- ✓ Forme duplas ou grupos intergeracionais em projetos-chave. Combine talentos de diferentes idades em tarefas estratégicas. Isso ajuda a desenvolver empatia e valorizar olhares complementares.
- ✓ Promova diálogos sobre trajetórias e perspectivas. Em reuniões de equipe, convide os membros a contarem o que aprenderam ao longo da carreira e o que esperam do futuro. Isso reduz julgamentos e aumenta a compreensão mútua.
- ✓ Estimule a mentoria reversa. Incentive que profissionais mais jovens compartilhem conhecimentos, especialmente tecnológicos, com os mais experientes e vice-versa. Isso gera respeito recíproco e aprendizado bilateral.

O filósofo Edgar Morin lembra que "a complexidade pede pensamento complexo" e nada é mais complexo (e belo) do que as relações humanas. Um time formado por pessoas com diferentes idades é um sistema vivo de aprendizado contínuo. E a maturidade de um líder se revela quando ele não tenta controlar as diferenças, mas orquestrá-las com sensibilidade.

Uma ação prática que pode ser implementada é o Mapa Geracional: uma dinâmica simples e profunda que pode ser aplicada em momentos de integração ou formação de times. Os membros da equipe são convidados a identificar a geração a que pertencem e a compartilhar uma referência marcante de sua juventude, como uma música, um programa de TV, um filme, uma tecnologia ou um acontecimento histórico. Em seguida, cada um relata como essas experiências influenciaram sua formação e seu estilo de trabalho. A partir dessas falas, o grupo pode refletir sobre os pontos fortes de cada geração e como elas se complementam. O resultado costuma ser surpreendente: surgem risos, empatia, quebra de estereótipos e uma nova percepção de respeito entre os colegas. Essa atividade ajuda o líder a cultivar uma cultura de reconhecimento das diferenças como ativos reais da equipe.

Liderar equipes intergeracionais não é uma tarefa simples, mas pode ser uma das experiências mais ricas que um líder pode vivenciar. Em vez de ver a diversidade de idades como um obstáculo, os líderes do futuro a enxergam como um trunfo estratégico. Eles entendem que a inovação verdadeira acontece quando diferentes tempos dialogam, não quando um apaga o outro.

As novas gerações querem ser ouvidas, e as gerações mais experientes querem ser respeitadas. Cabe ao líder garantir que ambas aconteçam ao mesmo tempo. Isso exige escuta ativa, mediação inteligente e coragem para fazer o diferente. O líder precisa agir como um facilitador de relações significativas, promovendo encontros e trocas entre seus colaboradores que transcendam as barreiras da idade. Isso envolve, muitas vezes, confrontar o próprio viés geracional e reconhecer os talentos distribuídos em todas as fases da vida.

No fim das contas, não importa se o colaborador nasceu nos anos 1960 ou depois dos anos 2000. O que importa é que todos estão aqui, hoje, construindo o mesmo presente e, juntos, desenhando o futuro. E esse futuro será mais potente se for alimentado pela escuta, pela integração e pela valorização do que cada geração pode oferecer.

34 PROMOVA RESPEITO E GERENCIE CONFLITOS ENTRE GERAÇÕES DE MANEIRA EFICAZ

"Afaste-se o mais rápido possível da ideia de que uma determinada geração é 'melhor' que a outra. Esta crença é limitante, imprecisa e bloqueia a harmonia de seu time."

Nos mais diversos treinamentos que ministramos sempre surge a seguinte pauta: conflitos intergeracionais. Depois de muitos debates sobre o assunto chegamos à conclusão de que, apesar das origens desses conflitos serem diversas, muitos deles têm como causa primeira a crença de que a geração de Fulano é melhor que a geração de Beltrano.

Caro leitor, você consegue notar como esse tipo de pensamento é prejudicial ao clima organizacional? Não devemos forçar para que pessoas de determinada geração ajam como pessoas de outra geração. Devemos, ao contrário, explorar as potencialidades de cada uma.

Presenciamos uma série de situações em empresas dos mais variados setores e notamos que basta um comentário preconceituoso para que os conflitos se iniciem e tenham "hora indeterminada para seu fim".

O que queremos argumentar com isso é o seguinte: não profira palavras de demérito ao se expressar sobre as características de outra geração, e não incentive que outras pessoas do time o façam. É muito mais difícil construir a boa relação de um time do que destruir. O relato a seguir mostra o que não deve ser feito, e diz respeito a um diálogo entre quatro executivos das gerações *Baby Boomers*, X, Y e Z.

RELATO REAL - CONFLITOS INTERGERACIONAIS

Durante uma reunião de planejamento estratégico, quatro executivos - um *baby boomer*, um representante da Geração X, uma líder da Geração Y e um jovem da Geração Z - discutiam ideias para engajar melhor as equipes. A primeira a falar foi Paula, 63 anos, *baby boomer*, que disparou: "Esses jovens de hoje em dia não têm paciência.

Querem tudo para ontem, mas não querem trabalhar duro como a gente fazia. Faltam comprometimento e resiliência". Mario, 48 anos, da Geração X, emendou: "Concordo, Paula. Além disso, eles acham que só porque dominam a tecnologia sabem mais do que todo mundo. Mal começaram e já querem opinar em tudo, sem nem entender o básico". Incomodada, Lívia, 35 anos, da Geração Y, respondeu: "E vocês acham que nós somos os equilibrados? Quando começamos, fomos acusados de não saber lidar com hierarquia, de querer propósito demais. Mas fomos nós que ensinamos o valor do *feedback* e do equilíbrio entre vida pessoal e profissional". Por fim, Rafael, 25 anos, Geração Z, retrucou com ironia: "Sinceramente, parece que todo mundo aqui esqueceu que também já teve vinte e poucos anos. Dizer que não queremos trabalhar é fácil. Difícil é reconhecer que a gente só não aceita mais ser tratado com desprezo".

Figura 34.1 Reunião de executivos de diferentes gerações.

O relato apresentado não é apenas um retrato de um conflito comum: é um alerta. Quando líderes e membros de equipe se prendem a estereótipos geracionais, perdem a chance de acessar o que há de mais valioso em uma equipe multigeracional: a diversidade de perspectivas.

Cada geração traz consigo aprendizados, estilos de trabalho e formas de enxergar o mundo que, quando bem integradas, podem gerar soluções mais criativas, decisões mais equilibradas e um ambiente mais respeitoso. O papel da liderança é transformar as diferenças em potência coletiva, promovendo pontes em vez de muros.

Para que o líder possa **promover respeito e gerenciar conflitos entre gerações de maneira eficaz** sugerimos quatro grandes ações, reunidas no Quadro de Ação a seguir.

QUADRO DE AÇÃO - GERENCIANDO CONFLITOS INTERGERACIONAIS

- ✓ **Escute com genuíno interesse** - crie espaços de diálogo em que todas as gerações possam expressar suas visões, desafios e ideias. Escutar sem julgamento já é, por si só, um ato de inclusão.
- ✓ **Traduza e conecte valores** - ajude seu time a enxergar que, por trás de comportamentos diferentes, muitas vezes existem valores semelhantes. O desejo por reconhecimento, propósito e pertencimento atravessa as gerações - ainda que se manifeste de maneiras distintas.
- ✓ **Promova projetos intergeracionais** - incentive o trabalho conjunto entre profissionais de diferentes faixas etárias. Isso favorece a troca de experiências, desfaz preconceitos e fortalece o espírito de equipe.
- ✓ **Eduque para a empatia** - ofereça formações sobre vieses inconscientes, diversidade geracional e inteligência emocional. O respeito não nasce apenas do convívio, mas do entendimento consciente de que todos têm algo a ensinar e aprender.

Gerenciar conflitos intergeracionais é um dos grandes desafios da liderança contemporânea. As diferenças de valores, estilos de trabalho e expectativas entre gerações exigem do líder não apenas sensibilidade, mas também preparo e flexibilidade. Ignorar essas diferenças pode resultar em ruídos constantes, desgaste nas relações e perda de talentos.

O desafio é grande - mas a oportunidade de fortalecer a cultura organizacional por meio do respeito mútuo é ainda maior.

A gestão eficaz de equipes multigeracionais é um desafio crescente para as lideranças contemporâneas. A Geração Z, em particular, apresenta expectativas distintas em relação ao ambiente de trabalho. Segundo a pesquisa *Global Workforce Hopes and Fears Survey 2023*, da PwC, 35% dos profissionais da Geração Z planejam mudar de emprego em um período de 12 meses, destacando a importância de ambientes de trabalho que atendam às suas necessidades e valores.

Para reter e engajar esses jovens talentos, é essencial que os líderes promovam uma cultura organizacional baseada no respeito mútuo e na valorização das diferenças geracionais. Isso inclui a implementação de práticas de escuta ativa, *feedback* contínuo e oportunidades de desenvolvimento profissional alinhadas às expectativas da Geração Z.

Ao adotar essas estratégias, as organizações não apenas reduzem a rotatividade, mas também fortalecem sua cultura interna e aumentam sua competitividade no mercado.

35 IMPLEMENTE ESTRATÉGIAS PARA MANTER O ENGAJAMENTO E A LEALDADE DO TIME

> *"Um grande líder quer que os liderados se saiam melhor do que ele próprio. Um grande líder consegue fazer com que, com o tempo, o time prospere sem que para isso dependa dele. Essa prosperidade não se constrói sem engajamento e lealdade."*

Em nossos capítulos até aqui trouxemos uma série de conceitos e exemplos sobre as características da Geração Z, sobre seu ambiente de trabalho e sobre diferentes tipos de liderança. No decorrer do Pilar C de nosso livro, estamos trazendo aprofundamentos sobre o papel do líder nesse processo.

No campo da Filosofia aprendemos que, às vezes, para melhor compreendermos um conceito vale a pena compreendermos o que aquele conceito não é. Façamos, então, um exercício diferente. Vamos pensar, em tópicos, sobre como **não** engajar e, consequentemente, **não** conquistar a lealdade em sua atuação como líder:

- ✓ **Falta de reconhecimento:** ignorar ou subestimar esforços mina a motivação. Liderados deixam de se engajar quando percebem que seu trabalho passa despercebido.
- ✓ **Comunicação truncada ou inexistente:** mensagens vagas, ruídos ou ausência de comunicação aumentam a insegurança e afastam o time da liderança.
- ✓ **Prometer e não cumprir:** a quebra de expectativas destrói a confiança – um dos pilares da lealdade.
- ✓ **Controle excessivo:** *micromanagement* exagerado transmite desconfiança e sufoca a autonomia, gerando desmotivação.
- ✓ **Ambiente tóxico ou injusto:** lideranças abusivas, favoritismo, competição nociva e falta de escuta comprometem o bem-estar e a permanência no time.
- ✓ **Falta de oportunidade de crescimento:** quando os colaboradores não veem espaço para se desenvolver, o engajamento esfria rapidamente.

É fácil de notarmos as razões que fazem com que esses sejam grandes erros de liderança, mas alguns pontos merecem maior destaque. Primeiramente, dar reconhecimento é essencial para engajarmos pessoas de qualquer geração.

No caso específico da Geração Z, é importante que isso venha acompanhado de um propósito claro de trabalho. Os jovens, por vezes, buscam um reconhecimento atrelado a um sentimento de que estão contribuindo para um propósito.

Como segundo destaque, erros de comunicação são as principais razões para o fracasso na gestão de projetos empresariais. Quando tivermos algum problema na empresa, seja ele de qualquer natureza, provavelmente teremos desafios de comunicação envolvidos na situação.

No caso da Geração Z, ainda há o agravante de que essa comunicação não seja do tipo "manda quem pode e obedece quem tem juízo". Posto de outro modo, deve haver espaço para o jovem se expressar, caso contrário será muito difícil engajá-lo. Essa lógica também vale para o tópico do controle excessivo.

Na sequência, prometer e não cumprir é um problema diretamente relacionado com a falta de transparência e coerência. É importante destacarmos que, em geral, as novas gerações percebem incoerências rapidamente.

Ser um líder hipócrita nunca foi algo positivo para angariar lealdade, mas com a Geração Z a situação é ainda mais desafiadora. Lembre-se da importância da liderança autêntica para esses jovens! Lidere com base em propósitos e valores claros e evite também, claro, a criação de um ambiente tóxico e injusto.

Por fim, você deve se lembrar que, em nosso Capítulo 5, tratamos do fenômeno da modernidade líquida entre os jovens. Vimos que as relações de hoje são, em geral, efêmeras, algo que torna o alcance da fidelidade mais desafiador. Por todo esse contexto devemos evitar, mais do que nunca, gerir de modo a não deixar claras as oportunidades que os jovens podem ter em nosso time tanto no presente quanto no futuro. Esse processo deve ser feito com a responsabilidade de não gerar falsas expectativas nos liderados.

Liderar bem nunca foi tarefa simples, mas liderar com o objetivo de manter engajamento e lealdade em um mundo de mudanças rápidas é um desafio ainda maior. As novas gerações, especialmente a Geração Z, cresceram em um ambiente de múltiplas opções, transparência radical e ciclos curtos de pertencimento. Essa geração, ao mesmo tempo em que deseja vínculos significativos com as organizações, desconecta-se com facilidade quando percebe desalinho entre discurso e prática. Não basta apenas manter uma equipe satisfeita – é preciso gerar vínculos de confiança e pertencimento contínuos.

É nesse contexto que muitos líderes experientes, mesmo com carreiras consolidadas, começam a se questionar sobre a eficácia de suas práticas. Não se trata de incompetência ou despreparo, mas de reconhecer que o que engajava no passado pode não ser suficiente no presente. A lógica de comando e controle, de métricas frias ou de recompensas exclusivamente financeiras, encontra limites quando aplicada a jovens que valorizam autonomia, reconhecimento individual e propósito.

E é justamente nesse ponto que começa o relato de Marcelo (pseudônimo), diretor-executivo há quase três décadas.

RELATO REAL - UM LÍDER EM REFLEXÃO

"Depois de 27 anos de carreira, confesso que tem algo novo me desafiando: entender o que realmente engaja esse novo time. Já fui gestor de equipes grandes, passei por fusões, crises, reposicionamentos... e sempre tive orgulho de manter bons indicadores de retenção. Mas, nos últimos dois anos, mesmo com bons salários, bônus atrativos e clima cordial, vi talentos promissores da Geração Z pedirem demissão com pouco tempo de casa. Não é que eu não tente. Já abri espaço para escuta, reduzi a rigidez dos processos, implementei mentorias. Mas a sensação que tenho é de que estou tateando no escuro. Às vezes penso: será que eles querem algo que não consigo entregar? Ou será que estou deixando de fazer perguntas mais profundas sobre o que faz sentido para esse grupo? Não me incomoda o esforço - o que me inquieta é a incerteza. E talvez esse seja o maior desafio da liderança hoje: manter o time engajado em um mundo em que o próprio sentido de lealdade parece estar mudando."

Marcelo, 52 anos, diretor-executivo em empresa do setor de Tecnologia.

Figura 35.1 Reflexões de Marcelo.

Para que você possa **implementar estratégias para manter o engajamento e a lealdade do time** é fundamental que faça seu autodiagnóstico enquanto líder. Isso pode ser feito ao responder às seguintes questões, organizadas para essa finalidade no Quadro de Ação a seguir.

QUADRO DE AÇÃO – ENGAJAMENTO E LEALDADE NA PRÁTICA

1. Quais são os sinais de engajamento real na sua equipe?

Liste comportamentos observáveis que demonstrem envolvimento verdadeiro (como proatividade, colaboração espontânea, *feedbacks* frequentes). Você os tem percebido?

2. Que tipo de reconhecimento você tem praticado?

Pense nas últimas três semanas: você reconheceu alguém individualmente, de forma genuína, e vinculada a um valor ou propósito da equipe?

3. Suas promessas estão alinhadas com as entregas?

Revise se há promessas não cumpridas ou expectativas mal gerenciadas. Isso pode estar corroendo a lealdade silenciosamente.

4. Como sua comunicação está chegando?

Peça a um ou dois membros do time para dizer, com sinceridade, como têm percebido sua escuta e sua clareza. Esse *feedback* pode revelar muito mais do que você imagina.

5. Você tem apresentado um futuro possível para os membros do seu time?

Mapeie junto a eles planos de desenvolvimento, trilhas de crescimento e possibilidades reais de evolução. Isso cria vínculo.

As pesquisas reforçam a urgência de repensar estratégias de engajamento. Segundo o relatório *State of the Global Workplace 2024*, da Gallup, apenas 21% dos trabalhadores globalmente estão engajados em seus empregos, representando uma queda de dois pontos percentuais em relação ao ano anterior. Esse dado evidencia que a maioria dos profissionais, incluindo a Geração Z, sente-se desconectada e desmotivada, o que pode comprometer a produtividade e a retenção de talentos.

Diante desse cenário, líderes que desejam manter o engajamento e a lealdade de suas equipes precisam adotar abordagens mais humanas e adaptativas. Embora desafiador, esse esforço pode levá-lo a grandes resultados.

36 FOMENTE UMA CULTURA DE *FEEDBACK* CONSTANTE, ESSENCIAL PARA O CRESCIMENTO E ADAPTAÇÃO DAS NOVAS GERAÇÕES

> *"Para ser um grande líder é necessário ver certo prazer na arte do aperfeiçoamento. Nesse caminho, a prática de* feedback *não deve ser vista como algo chato e criado apenas para cumprir burocracias. Trata-se, na verdade, de uma grande oportunidade para colocar passado, presente e futuro diante de nós, como verdadeiros aliados em prol de algo maior."*

O termo *feedback* sofreu muitos desgastes nas décadas recentes. Etimologicamente, seu sentido remete à ideia de um "retorno de informação" (posto que *feed*, em inglês, significa "alimentar/fornecer", e *back* significa "volta/retorno"). Na prática da gestão, *feedback* tem a ver com **retornar de modo a ajustar ou melhorar uma ação, comportamento ou desempenho**.

Pesquisas indicam que o desafio do *feedback* não está no conceito, mas no modo como ele é conduzido nas organizações. Muitos líderes ainda o tratam como um ritual burocrático ou evitam oferecê-lo por receio de gerar desconforto. Segundo estudo publicado pela *Harvard Business Review*, cerca de 21% dos gestores admitem evitar fornecer *feedback* negativo e impressionantes 37% admitem não dar *feedback* positivo! Esses números revelam uma lacuna importante na qualidade da comunicação entre líderes e liderados, e reforça que não basta dar retorno: é preciso que ele seja claro, construtivo e focado no desenvolvimento.

Esse desafio se intensifica quando pensamos na Geração Z, que valoriza interações frequentes, autenticidade e oportunidades de aprendizado constante. A ausência de *feedback* ou o uso de mensagens genéricas e impessoais podem ser interpretados como descaso, desestimulando o engajamento. Para essa geração, escuta ativa e devolutivas construtivas não são um "extra" – são elementos essenciais para que sintam pertencimento e propósito em seu trabalho. Cultivar uma cultura de *feedback* contínuo, honesto e empático é, portanto, uma das estratégias mais relevantes para reter talentos e fortalecer o desempenho coletivo. Esse tema é ilustrado no relato de Carolina (pseudônimo).

RELATO REAL – A VIRADA DE CHAVE DE CAROLINA

"Durante muitos anos, o ambiente do nosso escritório foi bastante tradicional: formalidade, *feedbacks* anuais e foco quase exclusivo nos resultados. Mas, nos últimos três anos, com a chegada de profissionais da Geração Z, percebi que algo precisava mudar. Eles queriam conversar mais, entender o impacto do que faziam, participar de decisões e – principalmente – ter retornos constantes. No começo, achei exagerado. Mas decidi testar um modelo diferente: instituímos *check-ins* quinzenais entre líderes e liderados, com pautas simples, centradas em reconhecimento, alinhamento de expectativas e escuta ativa. A produtividade aumentou, a rotatividade caiu, e hoje tenho jovens advogados que demonstram muito mais comprometimento e iniciativa."

Carolina, 56 anos, sócia de grande escritório de advocacia.

Figura 36.1 Carolina em um dia de trabalho.

Caro leitor: por quais razões as mudanças de Carolina foram importantes? Como primeiro ponto, A Geração Z valoriza ambientes de trabalho nos quais há transparência, diálogo aberto e senso de propósito. Ao substituir avaliações esporádicas por conversas frequentes e construtivas, Carolina fortaleceu a conexão com sua equipe, criou um clima de segurança psicológica e aumentou a motivação interna.

Além disso, para os jovens profissionais, o *feedback* constante não é apenas sobre desempenho – é também sobre pertencimento, crescimento e reconhecimento de valor. Esse tipo de prática, quando bem conduzida, transforma a cultura organizacional e prepara o time para lidar com um mundo em constante transformação.

Ao fomentar uma cultura de *feedback* contínuo, o líder deixa de ser apenas um avaliador de resultados para se tornar um facilitador do desenvolvimento. Essa mudança de postura impacta não apenas o desempenho individual, mas também o clima organizacional, promovendo mais colaboração, inovação e confiança entre as equipes.

Em um cenário em que as relações de trabalho estão cada vez mais marcadas pela fluidez e pela velocidade das transformações, líderes que sabem escutar, orientar e reconhecer se tornam referências de estabilidade e inspiração.

Com base nesses ensinamentos, preparamos para você um Quadro de Ação que pode contribuir para **fomentar uma cultura de *feedback* constante, essencial para o crescimento e a adaptação das novas gerações**. O Quadro 36.1 nos ensina cinco principais ações e nos leva a refletir as razões pelas quais essas ações tendem a funcionar com jovens profissionais da Geração Z.

QUADRO DE AÇÃO – FOMENTANDO UMA CULTURA DE *FEEDBACK* CONSTANTE

Quadro 36.1 Boas práticas de *feedback*

Ação prática	Como fazer	Por que funciona com a Geração Z
Estabeleça *check-ins* frequentes	Agende conversas curtas (quinzenais ou mensais) com cada membro da equipe. Foque em escuta, reconhecimento e alinhamento.	A Geração Z valoriza atenção individualizada, orientação contínua e espaço para expressão.
Use linguagem clara e empática	Evite jargões e críticas genéricas. Prefira comentários específicos, construtivos e com tom colaborativo.	Jovens profissionais preferem comunicação autêntica e respeitosa, mesmo ao tratar de pontos de melhoria.
Reconheça o progresso, não só o resultado	Dê valor ao esforço, à evolução e à criatividade demonstrada no processo, mesmo quando os resultados ainda não são ideais.	Isso gera senso de progresso e reforça a motivação intrínseca, tão importante para essa geração.
Crie canais informais para troca de *feedback*	Estimule espaços seguros para trocas espontâneas, como cafés de *feedback* ou grupos em mídia social.	A Geração Z tem mais abertura para interações ágeis, horizontais e informais.
Capacite líderes para dar e receber *feedback*	Invista em treinamentos de comunicação, escuta ativa e *feedback* constante para as lideranças.	A experiência da Geração Z com *feedback* depende diretamente da qualidade da liderança.

Mais do que uma técnica gerencial, o *feedback* precisa ser compreendido como um gesto de cuidado e compromisso com o crescimento do outro. Quando oferecido com intenção genuína e abertura para o diálogo, ele cria pontes entre gerações, alinha expectativas e desperta o melhor de cada profissional.

Liderar as novas gerações exige presença, escuta e coragem para crescer com elas – e o *feedback* é uma das ferramentas mais poderosas para tornar isso possível. Quando usada em conjunto com outras iniciativas vistas no decorrer de nosso livro defendemos que você se tornará um líder muito mais preparado para combater o bom combate como aliado das novas gerações.

ENCERRAMENTO E NOVAS AÇÕES

APRESENTAÇÃO

Nesta seção final, você encontrará o Mapa Pessoal da Liderança: uma ferramenta prática de autoavaliação que reúne os 36 passos apresentados no livro e convida você a refletir sobre suas atividades de liderança frente à nova geração de profissionais, transformando o conhecimento em ação.

MAPA PESSOAL DA LIDERANÇA

Como muitos passos foram apresentados no decorrer de nossos capítulos, preparamos uma síntese das boas práticas que propusemos no decorrer da obra, mas fizemos isso de uma maneira muito especial: por meio do desenvolvimento do **Mapa Pessoal da Liderança** - uma ferramenta de autoavaliação para líderes que buscam sucesso com as novas gerações de profissionais.

Essa ferramenta sintetiza os 36 passos apresentados em nosso livro, e convida a realizar sua autoavaliação sobre cada um deles, assinalando uma das três figuras que são apresentadas. Se você estiver com dúvidas sobre como interpretar cada número de resposta, basta recorrer a uma rápida releitura do respectivo capítulo.

Por exemplo, se tiver dúvidas sobre como se autoavaliar no tópico "20. Enfrente a falta de foco", releia o Capítulo 20. Além disso, criamos uma legenda para facilitar sua interpretação, do seguinte modo:

	Preciso melhorar bastante
	Tenho dúvidas se estou no caminho certo
	Me sinto seguro com isso

O Mapa Pessoal da Liderança não é um teste, nem uma fórmula mágica. É um convite à autoavaliação honesta e respeitosa sobre como você tem conduzido sua liderança frente às novas gerações.

Com base nos 36 passos apresentados, você poderá refletir sobre seus pontos fortes, suas áreas de atenção e, principalmente, sobre as pequenas atitudes que podem gerar grandes transformações.

A partir dessa autoavaliação, recomendamos que você vá além do diagnóstico. Identifique os temas em que assinalou que precisa melhorar ou sente dúvidas, e elabore um plano de ação prático para lidar com eles no seu dia a dia. Releia os capítulos correspondentes, anote ideias, defina ações simples e mensuráveis.

Também dedique atenção aos tópicos em que você já se sente seguro. Liderança é prática contínua, e times que estão ganhando também devem se aperfeiçoar. Use esse mapa como uma bússola viva, que orienta não apenas suas lacunas, mas também seu potencial de crescimento.

Destacamos que esta seção do livro não marca um fim, mas um recomeço: o início de uma nova fase na sua trajetória como líder. Uma fase mais conectada com o tempo em que vivemos, com as pessoas que lideramos e com a liderança que queremos construir.

Desejamos que este mapa te ajude a traçar caminhos mais conscientes, humanos e eficazes. E que você retorne a ele sempre que precisar recalibrar sua bússola. Afinal, liderar as novas gerações é uma jornada contínua.

Mapa Pessoal da Liderança – ferramenta de autoavaliação para o sucesso de líderes com as novas gerações

PILAR A: Os liderados	Autoavaliação	PILAR B: O ambiente	Autoavaliação	PILAR C: O líder	Autoavaliação
1. Entenda a nova geração		13. Entenda o ambiente físico		24. Apoie as pessoas	
2. Evite generalizar		14. Reconheça o *home office*		25. Engaje seu time	
3. Explore os valores		15. Reflita a presencialidade		26. Inspire transformando	
4. Ajuste suas expectativas		16. Observe as mudanças		27. Seja autêntico	
5. Compreenda a liquidez		17. Aproveite a tecnologia		28. Adapte-se às necessidades	
6. Entenda as buscas deles		18. Adapte-se à IA		29. Desenvolva competências	
7. Evite hierarquia rígida		19. Gestione o tempo		30. Apoie as relações humanas	
8. Equilibre o uso tecnológico		20. Enfrente a falta de foco		31. Não seja tóxico	
9. Aprimore a comunicação		21. Avalie a multitarefa		32. Reconheça as motivações	
10. Valorize propósitos		22. Priorize a saúde		33. Use times intergeracionais	
11. Apoie a sustentabilidade		23. Prepare-se para mudanças		34. Promova o respeito	
12. Valorize a diversidade				35. Alcance lealdade	
				36. Fomente os *feedbacks*	

INDICAÇÕES CULTURAIS

Sabemos, com base em estudos sobre aprendizagem e desenvolvimento de líderes, que experiências culturais como filmes têm o poder de gerar reflexões profundas, ampliar repertórios e fortalecer a empatia. Por isso, organizamos uma pequena seleção de obras que dialogam com alguns dos principais temas tratados em nosso livro.

Além de um ótimo momento de entretenimento, desejamos que os filmes listados a seguir te inspirem em novas práticas de liderança e em sua jornada como um todo!

Filme	Temas principais	Conexão com o livro	Possíveis atividades
O estagiário (2015)	Liderança intergeracional, escuta ativa, empatia	Pilares A e C	Debate sobre estereótipos geracionais e experiências intergeracionais
Coach Carter – treino para a vida (2005)	Liderança com valores, ética e propósito	Pilar C	Identificar valores centrais do líder e refletir sobre sua postura ética
A rede social (2010)	Tecnologia, protagonismo jovem, relações líquidas	Pilares A e B	Debate sobre inovação, reconhecimento e os dilemas geracionais
Capitão Fantástico (2016)	Autenticidade, crítica à norma, educação alternativa	Pilares A e C	Discussão sobre modelos de liderança baseados em propósito e autonomia
Nomadland (2020)	Propósito, transição de carreira, pertencimento	Pilares A e B	Reflexão sobre o valor do trabalho, autonomia e os novos significados de sucesso
Os estagiários (2013)	Recomeço, choque geracional, reinvenção	Pilares A, B e C	Exercício sobre adaptação à cultura organizacional e aprendizagem entre gerações
Soul (2020)	Propósito, equilíbrio, redefinição de sucesso	Pilares A e C	Dinâmica de mapa de propósito e sentido do trabalho com base na narrativa do filme

CONSIDERAÇÕES FINAIS

Caro leitor, esperamos sinceramente que os conceitos e práticas sugeridos em nosso livro o inspirem a agir. Apesar de não termos tido a pretensão de te trazer verdades absolutas, trouxemos em nosso livro passos fundamentais para seu sucesso ao liderar times compostos de jovens das novas gerações, especialmente os da Geração Z.

Por fim, gostaríamos de te parabenizar pela busca por conhecimento, e destacamos que adoraríamos manter contato contigo. Fique à vontade para entrar em contato conosco via LinkedIn ou por meio do *e-mail*: contato@scholaakademia.com.

Desejamos muito sucesso em sua jornada!

Marcello Romani-Dias

Aline dos Santos Barbosa

REFERÊNCIAS

AARP. *Age Inclusion and Healthy Longevity*: Building Blocks for Business Success. AARP, 2023. Disponível em: https://www.aarpinternational.org/the-journal/current-edition/journal-articles-blog/2023/08/age-inclusion-and-healthy-longevity-building-blocks-for-business-success. Acesso em: 31 maio 2025.

AARP. *Fixing the Divide*: making the multigenerational workforce work for all. AARP, 2023. Disponível em: https://www.aarpinternational.org/the-journal/current-edition/journal-articles-blog/2023/08/age-inclusion-and-healthy-longevity-building-blocks-for-business-success. Acesso em: 28 jul. 2025.

BAUMAN, Zygmunt. *Amor líquido*: sobre a fragilidade dos laços humanos. Rio de Janeiro: Zahar, 2004.

BENNETT, Milton J. A developmental approach to training for intercultural sensitivity. *International Journal of Intercultural Relations*, v. 10, n. 2, p. 179-96, 1986.

BOSTON CONSULTING GROUP. *How Diverse Leadership Teams Boost Innovation*. Boston Consulting Group, 2018. Disponível em: https://www.bcg.com/publications/2018/how-diverse-leadership-teams-boost-innovation. Acesso em: 31 maio 2025.

DELOITTE. *2023 Gen Z and Millennial Survey*. Deloitte, 2023. Disponível em: https://www2.deloitte.com/global/en/pages/about-deloitte/articles/genzmillennialsurvey.html. Acesso em: 31 maio 2025.

DELOITTE. *2023 Global Human Capital Trends*. Deloitte, 2023. Disponível em: https://www2.deloitte.com/us/en/insights/focus/human-capital-trends/2023.html. Acesso em: 1º jun. 2025.

DELOITTE. *2025 Human Capital Trends*. Deloitte, 2025. Disponível em: https://www2.deloitte.com/us/en/insights/focus/human-capital-trends.html. Acesso em: 1º jun. 2025.

DELOITTE. *Gen Z and Millennial Survey*. Deloitte Global, 2024. Disponível em: https://www.deloitte.com/global/en/services/consulting-risk/blogs/gen-z-and-millennial-survey.html. Acesso em: 1º jun. 2025.

DELOITTE DIGITAL. *Micro-learning and the Future of L&D*. Deloitte Digital, 2023. Disponível em: https://www.deloittedigital.com/us/en/blog-list/2023/microlearning-and-the-future-of-learning-and-development.html. Acesso em: 31 maio 2025.

EDELMAN. *Trust Barometer – Special Report*: The New Cascade of Influence. Edelman, 2023. Disponível em: https://www.edelman.com/trust/2023/trust-barometer-special-report-new-cascade-of-influence. Acesso em: 31 maio 2025.

FINANCIAL TIMES. *Article about intergenerational teams*. Financial Times, 2024. Disponível em: https://www.ft.com/content/3a98089b-977a-4c52-ab4f-656556dc2d6a. Acesso em: 1º jun. 2025.

FORBES. *How Salesforce Achieved Gender Pay Equity*. Forbes, 17 jan. 2020. Disponível em: https://www.forbes.com/sites/janicegassam/2020/01/17/how-salesforce-achieved-gender-pay-equity/?sh=7ae5eec040e0. Acesso em: 1º jun. 2025.

FORBES. *How this olympic sprinter went from homeless to hero*. Forbes, 2016. Disponível em: https://www.forbes.com/sites/kevinharrington/2016/09/07/how-this-olympic-sprinter-went-from-homeless-to-hero/?sh=46fbb1c03ea1. Acesso em: 31 maio 2025.

GALLUP. *Is quiet quitting real?* Gallup, 2022. Atualizado em 2023. Disponível em: https://www.gallup.com/workplace/398306/quiet-quitting-real.aspx. Acesso em: 1º jun. 2025.

GALLUP. *State of the Global Workplace*: Indicator of Hybrid Work. Gallup, 2024. Disponível em: https://www.gallup.com/401384/indicator-hybrid-work.aspx. Acesso em: 31 maio 2025.

GLASSDOOR ECONOMIC RESEARCH. *Diversity & Inclusion Workplace Survey*. 2020. Disponível em: https://www.glassdoor.com/research/diversity/. Acesso em: 31 maio 2025.

GOLEMAN, Daniel. *Inteligência emocional*. Rio de Janeiro: Objetiva, 1995.

HARVARD BUSINESS REVIEW. *Build Learning into Your Employees' Workflow*. Harvard Business Review, 11 jul. 2022. Disponível em: https://hbr.org/2022/07/build-learning-into-your-employees-workflow. Acesso em: 31 maio 2025.

HARVARD BUSINESS REVIEW. *How GenAI could accelerate employee learning and development*. Harvard Business Review, 8 dez. 2023. Disponível em: https://hbr.org/2023/12/how-genai-could-accelerate-employee-learning-and-development. Acesso em: 31 maio 2025.

HARVARD BUSINESS REVIEW. *Why do we keep training employees - and forgetting about managers?* Harvard Business Review, 2022. Disponível em: https://hbr.org/2022/06/why-do-we-keep-training-employees-and-forgetting-about-managers. Acesso em: 31 maio 2025.

KORN FERRY. *The Inclusive Leader*. [S.l.], [s.d.]. White paper. Disponível em: https://www.kornferry.com/insights/this-week-in-leadership/the-inclusive-leader-white-paper. Acesso em: 31 maio 2025.

LINKEDIN. *Global Talent Trends Report*. LinkedIn Talent Solutions, 2023. Disponível em: https://www.linkedin.com/business/talent/blog/talent-strategy/global-talent-trends-report-2023. Acesso em: 31 maio 2025.

MCKINSEY & COMPANY. *From Hire to Inspire*: getting and keeping Gen Z in manufacturing. McKinsey & Company, 2024. Disponível em: https://www.mckinsey.com/capabilities/operations/our-insights/from-hire-to-inspire-getting-and-keeping-gen-z-in-manufacturing. Acesso em: 1º jun. 2025.

MCKINSEY & COMPANY. *Help Wanted*: what good jobs look like in the post-pandemic economy. McKinsey & Company, 2022. Disponível em: https://www.mckinsey.com/industries/public-and-social-sector/our-insights/help-wanted-what-good-jobs-look-like-in-the-postpandemic-economy. Acesso em: 31 maio 2025.

MCKINSEY & COMPANY. *Mental health in the workplace*: the coming revolution. McKinsey Health Institute, 2023. Disponível em: https://www.mckinsey.com/mhi/our-insights/mental-health-in-the-workplace-the-coming-revolution. Acesso em: 31 maio 2025.

MCKINSEY & COMPANY. *The impact of agility*: how to shape your organization to compete. McKinsey & Company, 2021. Disponível em: https://www.mckinsey.com/capabilities/people-and-organizational-performance/our-insights/the-impact-of-agility-how-to-shape-your-organization-to-compete. Acesso em: 1º jun. 2025.

MCKINSEY & COMPANY. *The State of Organizations 2023*. McKinsey & Company, 2023. Disponível em: https://www.mckinsey.com/capabilities/people-and-organizational-performance/our-insights/the-state-of-organizations-2023. Acesso em: 31 maio 2025.

MCKINSEY & COMPANY. *What is Gen Z?* McKinsey Explainers, 2023. Disponível em: https://www.mckinsey.com/featured-insights/mckinsey-explainers/what-is-gen-z. Acesso em: 1º jun. 2025.

MCKINSEY GLOBAL INSTITUTE. *Empty Spaces and Hybrid Places - Chapter 1*. McKinsey & Company, 2023. Disponível em: https://www.mckinsey.com/mgi/our-research/empty-spaces-and-hybrid-places-chapter-1. Acesso em: 31 maio 2025.

MORIN, Edgar. *Introdução ao pensamento complexo*. 5. ed. Porto Alegre: Sulina, 2005.

OECD. *The Future of Work*. OECD Publishing, 2022. Disponível em: https://www.oecd.org/future-of-work. Acesso em: 31 maio 2025.

PEW RESEARCH CENTER. *On the Cusp of Adulthood and Facing an Uncertain Future*: what we know about Gen Z so far. Washington, D.C., 2020. Disponível em: https://www.pewresearch.org/social-trends/2020/05/14/on-the-cusp-of-adulthood-and-facing-an-uncertain-future-what-we-know-about-gen-z-so-far-2/. Acesso em: 31 maio 2025.

PHILLIPS, Katherine W. *How Diversity Makes Us Smarter*. Scientific American, 1º out. 2014. Disponível em: https://www.scientificamerican.com/article/how-diversity-makes-us-smarter/. Acesso em: 31 maio 2025.

PUMBLE. *Remote Work Statistics*: key data on productivity, collaboration & work preferences. Pumble, 2024. Disponível em: https://pumble.com/learn/collaboration/remote-work-statistics/. Acesso em: 31 maio 2025.

SALESFORCE. *Pay equity, equality, and diversity*. Salesforce Newsroom, 2024. Disponível em: https://www.salesforce.com/news/stories/pay-equity-equality-diversity/. Acesso em: 1º jun. 2025.

SANTOS, Boaventura de Sousa. *A crítica da razão indolente*: contra o desperdício da experiência. 2. ed. São Paulo: Cortez, 2000.

SENGE, Peter. *A quinta disciplina*: arte e prática da organização que aprende. 21. ed. Rio de Janeiro: BestSeller, 2010.

SERAMOUNT. *Gen Z Decoded*: how the rising generation is reshaping work and consumption - executive summary. Seramount, 2024. Disponível em: https://seramount.com/wp-content/uploads/2024/02/39012-Seramount-Gen-Z-Decoded-Executive-Summary.pdf. Acesso em: 31 maio 2025.

TUCKMAN, B. W. Developmental Sequence in Small Groups. *Psychological Bulletin*, v. 63, n. 6, p. 384-399, 1965.

TULGAN, Bruce. *Not everyone gets a trophy*: how to manage the millennials. New York: Wiley, 2016.

WORLD ECONOMIC FORUM. *Future of Jobs Report 2023*. World Economic Forum, 2023. Disponível em: https://www.weforum.org/publications/the-future-of-jobs-report-2023/. Acesso em: 31 maio 2025.

ÍNDICE ALFABÉTICO

C

D

E

F

G

H

I

J

L

M

N

O

P

Q

R

1 2 3 4 5 6 7 8 9 10
2026